좋은이름 내가 만든다

내 아이 이름에 금빛날개를 달아라

임만규 지음

에듀뮤직

내 아이 이름에 금빛 날개를 달아라

이 책을 읽기 전에

이름 석 자에 정말 운명의 암시(暗示)가 있는가?

필자가 아주 오래 전에 경험한 사례 둘만 소개하려 한다.

첫 번째 이야기는 40년 전 일이다.
직장의 한 상사가 퇴근하는 내게 함께 가보자고 해서 따라간 곳이 있었는데 바로 성명철학관이었다.
당시 일간지에 자주 나오던 신문광고를 보고 그가 호기심을 가졌던 모양이다. 모시 한복을 단정하게 차려입은 도사 앞에 우리 두 사람은 무슨 심판을 받으러 온 사람들처럼 다소곳하게 앉아서는 묻는 대로 이름과 생일을 말해주었다.

그런데 이상한 일은 내 직장의 상사가 왜 자신의 이름이 아닌 다른 이름을 도사에게 말하는가 하는 것이었다. 그러나 나는 아무 말도 하지 않은 채 침묵을 지키고 있었다.
백지에 무언가 적어 나가던 도사가 상사에게 말문을 열었다.
"이 이름 말고 다른 이름이 있을 텐데?"
상사는 머뭇거렸고 나는 속으로 소스라치게 놀랐다. 어떻게 다른 이름이 있는 것을 알아맞힐 수 있단 말인가. 나는 갑자기 몸이 굳어지는 것 같았고 그 도사가 참으로 두렵게 느껴지기 시작했다.
"다른 이름이 있지? 이 이름으로는 지금까지 살아있기 힘든데."
상사는 큰 비밀을 들킨 사람처럼 힘없이 자신이 현재 쓰고 있는 이름을 다시 말해주었다. 그리고 그는 도사에게 지난 일들을 말하기 시작했다.
20세 때 어느 날 갑자기 심한 복통으로 길에서 정신을 잃고 쓰러졌는데 깨어나보니 병원이었고 이미 자기도 모르게 수술을 받은 상태였더라는 것이다.
장 파열로 쓰러진 것을 지나는 행인들이 병원에 데려다주었고 다행히 가족들에게 연락이 돼서 응급 수술을 받고 생명을 건졌다는 것이었다.
그 후에 놀란 그의 모친께서는 어느 철학관을 찾아가셔서 그의 운명을 물었었는데 이름에 단명의 운이 있으니 개명을 해야 된다고 해서 현재의 이름으로 바꾸었다는 것이었다.
"바뀐 이름도 썩 좋지는 않지만 생명과 관계는 없네."
나는 그 후에도 한동안 그날의 놀라움이 머리에서 떠나지를 않았다. 어떻게 이름 석 자를 보고 사람의 수명을 알 수 있다는 말인가?

두 번째 이야기는 36년 전 일이다.
서점에서 성명에 관한 책들을 구입해 틈틈이 읽어가며 심취해 있을 때였다.
퇴근 후 친구들과 만나 저녁 시간을 보내고 있었는데 내가 성명책 이야기를 꺼내게 되었다. 젊은 나이들이라 미신이라느니 혹세무민이라느니 그럼 똑같은 이름들이 많은데 그 사람들 운명이 똑같으냐며 열띤 공방들이 오고갔었다. 당시 나는 그들을 설득시킬 수 없었다.
그 다음날, 전날 만났던 친구 중 하나에게서 전화가 왔는데 둘이만 만나고 싶다는 것이었다.
의아하게 생각하며 그를 만났는데 다른 날보다 표정이 좀 심각하게 느껴졌다. 그는 전날에 내가 이야기한 성명에 관한 이야기를 꺼냈다. 그리고 메모지에 낯선 여자 이름 석 자를 적어 보이며 운명이 어떠냐고 묻는 것이었다.
순간 나는 긴장했다. 누가 내게 운명을 물어 온다는 사실에 참으로 묘한 기분을 느꼈기 때문이다.

나는 정색하며 말했다. 난 취미로 그런 책을 읽을 뿐이지 아직 누구 이름을 감정할 정도는 아니라며 작명가들에게 물어보는 게 더 좋을 거라고 했다.
그렇게 사양을 했는데도 친구는 전날 내게서 받은 인상이 강했었는지 굳이 부탁 한다는 것이었다. 할 수 없이 메모지를 주머니에 넣으며 집에 가서 책을 보고 자세히 감정해서 연락 할 테니 다시 만나자고 했다.
그래서 뜻밖에 다른 사람의 이름을 감정하고 운명을 말해주어야 하는, 다시 말해 처음으로 한 사람의 운명에 개입할 수밖에 없는 일이 벌어지고 말았다.
성명의 감정이 작명보다는 책임이 덜하지만 받아들이는 이에게 영향을 미친다는 점에서 보면 분명히 운명의 개입이다.

이름을 감정하는 방법은 다음과 같다.
첫째, 한자(漢字)의 획수를 찾는다. 성명에서 쓰는 한자의 획수는 상형문자를 참고한 것이라 옥편(玉篇)의 획수와 다소 차이가 있을 수 있다. 따라서 성명책에 수록된 성(姓)과 이름의 획수를 꼭 확인해야만 한다.
둘째, 그 획수를 합하면서 원, 형, 이, 정(元亨利貞)의 네 가지로 산출해 놓는다. 이는 초년, 중년, 장년, 말년의 운세를 알아보기 위해서다.
셋째, 책에서 그 해당 획수의 내용을 찾아본다.

일반적으로 성명의 여러 요소 중에서도 작명이든 감정이든 맨 처음 하게 되는 이 작업은 매우 신중을 요하는 중요한 작업이다. 자칫하면 큰 실수를 범하기 때문이다.
나는 일종의 공식화된 이 작업을 해놓고 그 해당 내용들을 읽어보았다. (예의상 감정한 그 이름을 밝힐 수는 없다)
지금 초년, 중년의 운세는 정확히 기억할 수 없지만 중년, 말년이 극히 흉했다.
그래서 이름의 다른 요소들인 음양(陰陽), 오행(五行), 그리고 이름에 쓰이면 흉한 암시가 있다는 부록의 글자들과 대조작업을 했다. 그중에서도 일부는 흉한 부분이 나타났다.

다음날 책을 가지고 친구와 만났다. 내가 말해주는 것보다 직접 그 책의 내용을 읽어보게 할 생각이었다. 감정한 공식을 설명 들은 후 내용을 읽어나가는 친구의 표정은 몹시도 어두웠다.
아마도 중년에 남편과 사별하고 고과수루(孤寡愁淚)운이 되든가 아니면 남편이 축첩하는 수모를 감수해야 하는 운이라는 대목을 읽고 있으리라 짐작했다. 나는 잔인하지만 감정을 해본대로 이름에 쓰면 흉한 암시가 있는 한자(漢字)를 찾아 읽게 했다. 고독을 면하기 어려운 암시가 있다는 글자다.
그의 얼굴이 상기되는 것을 보며 나는 그 이름의 여자가 누구냐고 말을 건넸다.
애써 표정을 바꾼 친구가 입을 열었는데 그 여자는 바로 자기

누나라며 얼마 전 매형이 사고로 세상을 떠났다는 것이었다. 친구와 누이에게는 미안한 일이었지만 놀랍고 신비한 경험이었다. 나는 위로의 말로 어디 용한 사람을 찾아가 누이 이름을 개명해 보라고 권했던 기억이 난다.

운명론(運命論)

운명(運命)이라는 뜻을 사전에서 찾아보면 이렇게 쓰여 있다.
- 인간을 지배하는 필연적이고 초월적인 힘, 그 힘으로 말미암아 생기는 길흉화복, 타고난 운수나 수명 -

태초부터 인간은 앞날에 대한 궁금증, 불안감 등을 태생적으로 가지고 있었다. 과학이 발달한 현대를 살아가는 오늘날의 문명인들에게도 그것은 역시 마찬가지다.
따라서 동서고금을 통해 인간의 역사 속에는 미래를 예측하려는 여러 방법과 이론들이 나타나 있다.
영매(靈媒)를 통한 무속(巫俗), 밤하늘의 별자리 변화로 본 서양의 점성술(占星術), 모든 자연계의 현상을 음양(陰陽)과 오행(五行)으로 정리하고 인간도 자연의 일부로 본 동양철학의 사주론(四柱論) 등도 그중의 하나일 것이다.
그런데 이것들은 공통점을 가지고 있다는 사실을 발견하게 된다. 그것은 인간사는 이미 정해진 운명이기 때문에 변경시킬 수 없다는 것이다.
이렇듯 운명론은 인간이 초월적인 힘으로부터 모든 것을 지배당한다고 되어있다.
그러나 사람들은 운명론을 거부하고 싶어한다. 그러면서도 때로는 자신의 운명에 대해 몹시 궁금해하며 또 알고 싶어한다. 이 이중적인 딜레마 속에서 종교를 통해 원초적 불안을 구원받으려는 사람들이 있는가 하면, 인간의 운명은 지배받는 것이 아니라 스스로 개척하는 것이라는 무신론자들도 있다.
그리고 자신의 신비한 경험들을 통해 운명론을 신봉하는 사람들도 있다.

선천운(先天運)과 후천운(後天運)

운명론을 믿을 수도 안 믿을 수도 없는 딜레마는 필자에게도 있었다.
오랜 역사를 갖고 있으며 오늘날 많은 사람들이 의존하고 있는 사주론(四柱論)에 대해서 점차 의문을 갖게 되었다. 그것은 그 내용 중 일부가 실제에서는 좀 다르게 나타나기 때문이었다. 매우 정확하고 절대적이어야 한다고 생각하는 건 욕심일까.
어떻든 그 오차가 늘 마음에 걸려 많은 사주 전문가들을 만나 대화하고 토론을 해보았지만 아직껏 시원한 답을 얻지 못하고 있다.
사실은 그들도 필자와 생각이 다르지는 않지만 이 정도의 운명론도 현재 없지 않느냐며 그만 만족하는 것 같았다.
사주론은 앞에서 말한 대로 자연과 우주의 현상, 음양오행을 인간의 운명에 적용한 것이다.
다시 말해 한 생명이 태어날 때 어머니와 탯줄을 끊는 그 시각, 바로 그 순간의 우주와 자연의 기(氣)가 새 생명의 배꼽을 통해 들어가는데 그때의 년, 월, 일, 시를 사주팔자(四柱八字)로 하여 주어진 음양오행이 미래와 만나면서 계속 변화해 나가는 현상, 그것에 나타나는 길흉화복을 필연적 운명으로 보는 것이다.
오늘날 많은 사람들의 신비한 경험 때문에 사주론이 운명론의 주류를 이루는 것도 사실이지만 실제와 차이가 일부 존재한다는 것도 부인할 수 없는 사실이다.
따라서 사주론은 운명론의 일부일 뿐 전부 또는 절대적인 것으로 보는 것은 무리며 잘못이라는 결론에 이른다.

최근에는 일부 운명론자들이 운명을 선천운과 후천운으로 나누어 구분하려 한다. 필자도 이에 전적으로 동의한다.
사주를 부모에게서 태어날 때 받은 선천운으로 본다면 후천운은 과연 무엇이 결정하는가. 필자가 경험을 통해 내린 결론은 후천운은 바로 성명이라는 것이다.

이름이 운명을 만든다

사주와 이름의 관계가 각각 별개의 운명을 가지고 있는 것처럼 생각하는 사람들도 있는데 그것은 잘못된 일이다.
사주와 이름은 뗄 수 없는 상호관계를 가지고 있다.
이해를 돕기 위해 예를 들면 우리는 몸에 옷을 입고 살아간다. 여기에서 몸은 부모로부터 받은 선천적인 것이며, 옷은 몸을 보호하고 자신을 밖으로 표현하는 후천적인 것이다.
예를 하나 더 들어보면 어느 곳을 가기 위해 차를 타고 갈 때 도로는 이미 정해진 것으로 선천적인 것이며, 차는 선택할 수 있는 후천적인 것이다.
이처럼 사주와 이름은 떼려야 뗄 수 없는 절대적 관계라는 것을 알 수 있다.
그렇다면 몸에 잘 맞는 옷을 입고 있느냐 아니면 상당히 불편하고 어색한 옷을 입고 살고 있느냐, 또 도로의 사정에 맞는 차를 타고 가느냐 아니면 비능률적인 차로 가고 있느냐가 얼마나 중요한 일인가.
그것은 인생을 행복하고 순조롭게 살아가고 있는가, 아니면 불행하고 고통을 받으며 살고 있느냐이기 때문이다.

여기에서 우리가 주목해야 할 사실은 선천운인 몸과 도로는 우리의 의지로 도저히 바꿀 수 없는 것이며, 후천운인 옷과 차는 의지며 선택이라는 것이다.

옷과 차를 우리의 뜻대로 선택할 수 있듯이 후천운도 우리가 결정할 수 있는 길이 있다면 얼마나 다행스러운 일인가. 필자는 이름으로 그 운명의 길을 만들자는 것이다.

사람은 누구나 이름을 가지고 있다. 육칠십년 이전의 이름들을 살펴보면 남존여비 사상이 그대로 나타난다.

여자의 이름은 아무렇게나 되는 대로 지어진 것을 많이 볼 수 있다. 그러나 남자는 성씨별로 항렬(行列), 소위 돌림자를 사용한 것을 알 수 있다.

좀 더 자세히 말하자면 같은 혈족간의 관계를 표시하기 위해 이름 두 자 가운데 한 자는 공통으로 함께 쓰도록 하는 것이다. 지금도 이 전통에 따라 지어지는 이름들은 많다. 이 항렬자를 결정하는 일은 성씨별로 문중의 옛 어른들이 10대, 또는 20대손까지 미리 정해놓았다.

이를 성씨별로 살펴보면 공통적으로 오행(五行)의 순리인 木, 火, 土, 金, 水가 내포된 한자(漢字) 하나씩을 정해서 항렬의 순서대로 지정했다.

이는 자손들의 번창을 기원하고 문중을 결속시키려는 조상들의 지혜였을 것이다.

필자는 오래전부터 성씨별 항렬에 큰 관심을 가지고 현대 성명학 이론에 대입시켜 보았는데 절반 정도는 좋지 않다는 결론을 내렸다.

그리고 항렬에 의해 이름을 지을 때 문제점 중 하나는 선택할 수 있는 글자가 한 글자뿐이라 옛날보다 인구가 많이 늘어난 오늘날엔 친척끼리도 똑같은 이름을 많이 쓰게 된다는 것이다.

오늘날의 성명학은 다소 견해의 차이는 있지만 상당히 체계적이고 논리적이다. 앞에서 말한 동양철학의 음양오행(陰陽五行)과 수리구성(數理構成), 이름에 쓰이는 한자(漢字)의 자의(字義) 등 성명의 요소들에서 길흉화복의 공통점을 찾아냈다. 놀라운 사실은 그 공통점이 절대는 아니더라도 결코 간과할 수 없는 신비한 운명의 암시를 가지고 있다는 것이다.

성명학이 까다로운 연구나 공부가 필요한 것은 아니다. 먼저 관심을 가지고 자신의 주변 사람들이나 신문지상에 보도되는 사건들의 주인공 이름을 정확히 적은 후 본책에 수록된 성명의 여러 요소들을 찾아가며 살펴보자. 그러면 분명 성명의 신비함을 체험하게 될 것이다.
이렇게 의사나 과학자들이 임상실험 하듯 계속하다보면 어느새 정리될 것이다. 그런 후 본책을 따라 작명도 할 수 있는 자신감을 갖게 될 것이다. 그때는 이름으로 운명을 만드는 길을 찾을 수 있을 것이다.
앞에서 말한 대로 사주가 운명의 전부가 아닌 것처럼 성명도 역시 마찬가지다.

같은 날 같은 시각에 태어난 사람의 운명이 똑같지 않은 것처럼 이름이 똑같아도 운명은 좀 다를 수 있다. 그것은 선천운과 후천운의 상호관계 때문이다.

이름이 아주 좋아도 그 내용에 못 미치게 살아가는 사람들을 볼 수 있다. 그러나 아주 나쁜 이름을 가지고도 잘사는 사람은 만나기 어렵다. 그러니 일단 좋은 이름을 가지고 살아가야만 되지 않겠는가.

이 책은 필자가 1988년에 발행했던 朴常志 선생의 「名」을 기초자료로 하였고, 한글 세대와 성명학 입문자들이 이해하기 쉽도록 수정 보완하였으며 새로운 자료들을 추가하였다.

본책이 이름의 감정과 작명에 편리하게 응용될 뿐만 아니라, 운명을 개척하려는 이들에게도 조금이나마 도움이 되길 기대한다.

점봉산 주홍산장에서
저자 임 만 규

이름의 6대 요소

1. **음양배열**(陰陽配列)
   육체의 발달, 성격의 강함과 유함, 수명의 길고 짧음을 지배한다.

2. **수리배치**(數理配置)
   원·형·이·정(元亨利貞)의 4대 운격을 이루고 있으며, 평생의 운명을 지배한다.

3. **음향오행**(音響五行)
   가정환경, 가족, 부부, 질병, 수명, 상하관계, 재산 등에 관계되는 운명을 지배한다.

4. **삼원오행**(三元五行)
   건강, 질병, 수명 등에 관계되는 운명을 지배한다.

5. **자의**(字義)
   인품과 기질 등의 무형적 운명을 지배한다.

6. **사주**(四柱)
   선천운인 사주는 성명과 상생, 상극의 관계를 이룬다.

차례

이 책을 읽기 전에
이름의 6대 요소

제 1 부 이름의 구조와 운명
      1. 음양배열 | 23
      2. 수리배치 | 26
      3. 수리의 운명 | 32
      4. 오행의 생극 | 113
      5. 음향오행과 운명 | 115
      6. 삼원오행과 건강 | 154

제 2 부 이름과 인생
      1. 이름과 성격 | 179
      2. 이름과 연애 | 196
      3. 이름과 직업 | 206

제 3 부 작명

1. 아기의 이름 | 223
1) 부모의 희망을 아기의 이름에 반영코자 할 때
2) 선천운 사주의 부족을 이름에 보완코자 할 때
3) 좋은 이름의 구성–종합정리

2. 오행을 맞춘 한글 이름 | 246

3. 오행을 맞춘 영어 이름 | 250
1) Top 100 Most Popular Names For Boys/ 2010
2) Top 100 Most Popular Names For Girls/ 2010

4. 오행으로 본 상호(商號) | 260

5. 운명의 개척 개명(改名) | 262

제 4 부 작명의 자료

1. 이름의 구조에 좋은 수리배치 – 성씨별 | 275
2. 한자(漢字) 이름에 피하는 것이 좋은 글자 | 279
3. 한자(漢字)의 획수를 잘못 잡기 쉬운 글자 | 286
4. 이름에 많이 쓰는 한자(漢字) | 287

제 1 부
이름의 구조와 운명

1. 음양배열 23

2. 수리배치 26

3. 수리의 운명 32

4. 오행의 생극 113

5. 음향오행과 운명 115

6. 삼원오행과 건강 154

1. 음양배열(陰陽配列)

음양(陰陽)이란 모든 천지만물이 서로 상반되는 두 가지의 성질을 가지고 있다고 보는 것이다. 우주의 태양과 달, 인간의 남녀, 또한 전기(電氣)나 자기(磁氣)의 양극(陽極)과 음극(陰極)이 그 예이다.
성명의 구조에 있어서도 한자(漢字)의 획수(劃數)로 음양을 구분하며 그 배열을 중요시한다. 육갑(六甲)의 천간(天干)과 지지(地支)도 음양으로 나뉜다.
그 내용을 도표로 정리하면 다음과 같다.

◉ 획수(劃數)

陽	1·3·5·7·9	기수	홀수	○
陰	2·4·6·8·10	우수	짝수	●

◉ 천간(天干)

陽	갑(甲) 병(丙) 무(戊) 경(庚) 임(壬)
陰	을(乙) 정(丁) 기(己) 신(辛) 계(癸)

◉ 지지(地支)

陽	자(子) 인(寅) 진(辰) 오(午) 신(申) 술(戌)
陰	축(丑) 묘(卯) 사(巳) 미(未) 유(酉) 해(亥)

1) 3자 이름의 음양배열

吉	○ ● ●	○ ○ ●
	○ ● ○	● ○ ○
	● ● ○	● ○ ●

한자 획수의 음양, 즉 홀수 짝수가 서로 조화를 이루면 상생하여 순조로운 발달과 부귀 · 장수 · 건강 등이 길하다.

凶	○ ○ ○	● ● ●

음양이 편중되어 있으면 상생 관계를 이루지 못해 흉하다. 그러나 선천 사주와 서로 맞아 조화를 이루고 있을 때는 「대길」로 화하는 수도 없지 않으나, 성명 자체의 음양조직으로서는 「대흉」에 속하는 배열이다.

○ ○ ○은 순양격이라 하여, 운기가 지나치게 강함으로써 딱딱한 가지가 바람에 잘 부러지듯이 파괴 · 분리 · 단명 · 중도 좌절 등의 흉 암시를 불러오게 된다.

● ● ●은 순음격이라 하여, 운기가 지나치게 음성적이고 유약함으로써 결단력과 진취력이 부족하다. 순양격과 마찬가지로 이산 · 파괴의 흉 암시가 있다.

2) 4자 이름의 음양배열

吉	○ ● ○ ●	● ○ ● ○
	○ ● ○ ○	○ ● ● ○
	● ○ ● ●	○ ○ ○ ●
	○ ○ ○ ●	● ○ ○ ○
	● ● ○ ○	○ ○ ● ●

역시 음양이 서로 조화를 이루어 순조로운 발달과 부귀·장수·건강 등 길운을 암시한다.

凶	○ ○ ○ ○	● ● ● ●

역시 순양, 순음격으로 대흉 대길의 양극을 상징한다. 그러나 사용하지 않는 것이 좋다.

3) 2자 이름의 음양배열

吉	○ ●	● ○
凶	○ ○	● ●

2자 성명의 음양배열도 3자 성명, 4자 성명의 음양배열과 실흉은 역시 같다.

2. 수리배치(數理配置)

수리배치는 성명의 6대 요소 중에서 가장 신비한 운명론이다. 때문에 가장 중요하게도 여기는데 그 원리와 특성을 먼저 잘 살펴볼 필요가 있다.
수리의 운격(運格)은 총 81수로 되어있고, 각 수리마다 남녀(男女)가 따로 설명되어 있다. 같은 수리라도 남녀의 운에 차이가 있고 또 상반되는 경우도 있기 때문이다.

◎ 예를 들면 길수(吉數)라고 하는 21, 23, 33, 39의 경우 남자에게는 길(吉)한데 여자에게는 흉(凶)하다.
  간혹 수리의 운격이 길하다 하여 남녀를 구분하지 않고 작명된 것을 보게 되는데 이는 참으로 안타까운 일이다.
  그 원리와 특성들을 도표들로 정리하면 다음과 같다.

⊙ 성명의 4대 운격 공식

A B C 洪 吉 童	성자 .... A 이름의 위 글자 .... B 이름의 아래 글자 C
원격(元格) .... B + C 10%	
형격(亨格) .... A + B 30%	
이격(利格) .... A + C 30%	
정격(貞格) .... A+B+C 30%	

◎ 이름의 한자획수(漢字劃數)는 본책 자료편의 〈이름에 많이 쓰는 한자(P. 287)〉편을 참고하는 것이 정확하다.

◉ 성명의 4대 운격 계산

4대 운격	별칭	공식	참고
원	지(地)	B+C	○ 이름이 1자일 때는 그 1자의 획수를 가지고 계산한다. ○ 이름이 3자일 때는 3자의 획의 합산 수를 가지고 계산한다.
형	인(人)	A+B	○ 성자가 2자일 때는 그 성자 2자의 획의 합산 수와 이름 윗글자의 획수를 가지고 계산한다.
이	천(天)	A+C	○ 성자가 2자일 때는 그 성자 2자의 획의 합산 수와 이름 아래 글자의 획수를 가지고 계산한다. 단 이름이 3자일 때는 아래 글자 2자의 획수를 가지고 계산한다.
정	총(總)	A+B+C	○ 성자와 이름 전체의 획의 총 합산 수를 가지고 계산한다.

⊙ 원·형·이·정과 연령

격		운별	지배 연령
원	B+C	초년	──18 ··························
형	A+B	청년	·····18──30················
이	A+C	장년	·····18······30────50········
정	A+B+C	말년	·····18······30·········50────

성명의 운명(運命)은 어린이가 자신의 이름을 인식하기 시작함과 동시에 나타나기 시작하여 점차 그 힘이 강해진다. 청소년기에는 우선 원격(B+C)인 초년의 운이 작용하고 20세 전후부터 점차 형격(A+B)인 청년의 운이 작용하게 된다. 그리고 30세 즈음 또는 결혼을 하고부터는 이격(A+C)인 장년의 운이 작용하기 시작하고 50세 이후부터는 정격(A+B+C)인 말년의 운이 현저하게 나타난다.

혹은 「길」의 방향으로, 혹은 「흉」의 방향으로 그 사람의 향운(向運)에 갖가지 영향을 주게 된다.

◉ 원·형·이·정의 지배 운

격	별칭	공식	지배운	요점
원	지	B+C	초년	○ 유·소년시대·중년 전의 운명을 지배한다.
형	인	A+B	청년	○ 성격·운세·포부를 주관한다.
이	천	A+C	장년	○ 직업 운·애인관계·결혼 후의 운명을 주관한다.
정	총	A+B+C	말년	○ 일생의 말년과 또는 전체적인 운세를 주관한다.

⊙ 수리(數理)의 길흉(吉凶) 조견표

○ : 길(吉)   △ : 반길반흉(半吉半凶)   × : 흉(凶)

획수	길흉 남	길흉 여	운세	획수	길흉 남	길흉 여	운세
1	○	○	두령운(頭領運)	21	○	×	두령운(頭領運)
2	×	×	분리운(分離運)	22	×	×	좌절운(挫折運)
3	○	○	수복운(壽福運)	23	○	×	융창운(隆昌運)
4	×	×	파괴운(破壞運)	24	○	○	축재운(蓄財運)
5	○	○	성공운(成功運)	25	○	○	건창운(健暢運)
6	○	△	유복운(有福運)	26	×	×	괴걸운(怪傑運)
7	○	△	발달운(發達運)	27	×	×	중절운(中折運)
8	○	○	건강운(健康運)	28	×	×	고난운(苦難運)
9	×	×	비애운(悲哀運)	29	○	○	성공운(成功運)
10	×	×	단명운(短命運)	30	△	△	부침운(浮沈運)
11	○	○	흥가운(興家運)	31	○	○	개척운(開拓運)
12	×	×	고독운(孤獨運)	32	○	○	요행운(僥倖運)
13	○	○	지달운(智達運)	33	○	×	왕성운(旺盛運)
14	×	×	파괴운(破壞運)	34	×	×	파괴운(破壞運)
15	○	○	복수운(福壽運)	35	○	○	안강운(安康運)
16	○	○	부귀운(富貴運)	36	×	×	파란운(波瀾運)
17	○	○	용진운(勇進運)	37	○	○	주공운(奏功運)
18	○	○	발전운(發展運)	38	○	△	문예운(文藝運)
19	×	×	병난운(病難運)	39	○	×	장수운(長壽運)
20	×	×	파산운(破産運)	40	×	×	무상운(無常運)

○ : 길(吉) △ : 반길반흉(半吉半凶) × : 흉(凶)

획수	길흉 남	길흉 여	운세	획수	길흉 남	길흉 여	운세
41	○	○	고명운(高名運)	61	○	○	갱생운(更生運)
42	×	×	실의운(失意運)	62	×	×	불화운(不和運)
43	×	×	손재운(損財運)	63	○	○	부귀운(富貴運)
44	×	×	파멸운(破滅運)	64	×	×	역경운(逆境運)
45	○	○	형통운(亨通運)	65	○	○	흥가운(興家運)
46	×	×	비애운(悲哀運)	66	×	×	패가운(敗家運)
47	○	○	입신운(立身運)	67	○	○	통달운(通達運)
48	○	○	영달운(榮達運)	68	○	○	발명운(發明運)
49	△	×	변화운(變化運)	69	×	×	빈곤운(貧困運)
50	×	×	불행운(不幸運)	70	×	×	쇠퇴운(衰退運)
51	×	×	성패운(成敗運)	71	△	△	평범운(平凡運)
52	○	○	공명운(功名運)	72	△	×	상반운(相半運)
53	△	△	장해운(障害運)	73	△	△	평복운(平福運)
54	×	×	패망운(敗亡運)	74	×	×	불우운(不遇運)
55	△	△	반전운(反轉運)	75	△	△	보통운(普通運)
56	×	×	한탄운(恨嘆運)	76	△	△	후성운(後盛運)
57	○	○	왕성운(旺盛運)	77	△	△	상반운(相半運)
58	△	○	후복운(後福運)	78	×	×	공허운(空虛運)
59	×	×	재난운(災難運)	79	×	×	좌절운(挫折運)
60	×	×	실패운(失敗運)	80	×	×	정지운(停止運)
				81	○	○	갱생운(更生運)

3. 수리(數理)의 운명(運命)

| 1 | 최초출발 · 명예발전 · 건강장수 · 만사태평
대성권위 · 독립두령 · 우주기본 · 부귀영화 | **두령운**
頭領運 |

남성 최초의 출발을 뜻하는 수로, 우주 본원의 기본수이다. 만사에 있어 최대의 권위와 길운을 암시하고 있다. 쉽게 말해 봄날의 해가 동천에 떠오르는 격이라고 할까. 이 수가 곧바로 격(格=元 · 亨 · 利 · 貞)을 구성하는 예는 없으나 성명 속에 이 [1]획이 들어 있을 때는 4대 운격의 구성에 다소 결함이 있더라도 상당한 구제를 받을 수 있다. 권위와 두령을 상징하고 사업과 사랑도 모두 여기에서 출발되는 수리의 기초이다.

여성 아름다움을 희구하지 않는 여성은 세상에 한 사람도 없을 것이다. 그런데 [1]의 수를 성명에 가진 여성의 미는 어느 편이냐 하면, 이지적인 미에 속한다. 그리고 운명도 이 이지적인 미에서 출발되고 있다고 해도 좋다. 결혼과 동시에 운이 급속도로 트이는 여성으로 노력을 하든 안 하든 이상적인 남성을 만나 결혼으로 골인을 하는 길 암시가 작용하고 있다.

| 2 | 독립불능 · 분리분산 · 육친무덕 · 신체허약
패가망신 · 조난급화 · 부침무상 · 고독비애 | 분리운
分離運 |

남성 평생 편안할 날이 없다. 조난·병난의 흉 암시가 작용하고 있고 재주와 지혜는 있으나 실천력이 따라주지 않아, 매사가 용두사미로 끝나는 경향이 있다. 또 사업실패, 파면 등으로 생업을 유지하기 어렵고 부부·자녀와도 생사별하는 암시가 있으며 방탕방일로 무위도식하거나 고향을 떠나 고독과 수심 속에 허송세월을 하는 흉 암시가 있다. 한마디로 말해 가을의 화초가 찬 바람에 희롱당하는 것과도 같다.

여성 아무리 자유주의시대라고는 하지만 재혼·삼혼을 바라는 여성은 없을 것이다. 그런데 이 [2]의 수를 성명의 어느 격부에든 가지고 있는 여성은 한 번의 결혼으로는 끝나기 어려운 암시가 있다. 그렇다고 독립을 하여 직업전선에 나아가 활동을 할 용기나 능력을 가진 것도 아니다. 곧장 건너면 아무 일도 없을 건널목을 머뭇머뭇하다가 참변을 당하는 격이 바로 이 [2]의 수를 가진 여성의 운이라 하겠다. 가급적이면 결혼과 동시에 개명을 하는 것이 바람직하다. 아무튼 불길한 흉수이다.

| 3 | 쾌활과단 · 이지발달 · 지모출중 · 만인통솔
학문기예 · 진취발전 · 인격원만 · 입신양명 | **수복운**
壽福運 |

남성 노력만 하면 무슨 일이든 성사해 낼 수 있는 대길수이다. 지혜가 출중하고 처세 또한 원만하여 30세 이전에 입신양명하는 길 암시를 지녔다. 그리고 과단·용감한 기상은 만인을 통솔하는 장군의 상이라 하겠다. 또한 뜻이 높아 노력과 정진 여하에 따라서는 불세출의 정치가가 되기도 어렵지 않다.

여성 남성은 한 발짝 대문 밖에만 나서도 나를 해치려는 적이 열 손가락도 오히려 부족할 정도라는 말이 있지만, 여성이라고 밤낮 안일·태평만을 일삼고 있으란 법은 없을 것이다. 복잡한 생활 조건으로 말한다면 남성 쪽이 오히려 양보해야 될지도 모른다. 그러나 이 수를 가진 여성은 어떤 복잡한 장애라 할지라도 쉽게 이를 해결해 낼 수 있는 복분을 지니고 있다. 원래 온화한 성품 속에 남이 흉내 낼 수 없는 기지를 구비하고 있으므로 아무리 강한 적을 만나도 무서울 것이 없다. 연애결혼보다도 중매결혼을 하는 경향이 있으나, 그 어느 편이든 흠잡을 데 없는 이상적인 남성을 만나 결혼을 하는 것만은 틀림없다.

| 4 | 남녀미모 · 의지박약 · 자아과신 · 만사불성
분리쇠망 · 패가망신 · 불구단명 · 신체허약 | **파괴운**
破壞運 |

남성 병난 · 조난 · 변사 · 횡액 · 단명 등 갖가지 흉 암시를 지니고 있다. 의지가 박약하고 우유부단하여 어떠한 일도 성사해 내기 어렵다. 설령 때를 만나 성공의 문턱에 들어섰다 할지라도, 이내 장애를 만나 패망의 불행을 면치 못하게 되고 만다. 또 부부 · 자녀와의 생사별하는 흉 암시가 있고, 신상 주변이 잠시도 잠잠할 날이 없다. 드물게 효자 · 열녀 · 호걸을 배출하기도 한다. 미남에 주색을 좋아하는 경향이 있다.

여성 남성에 있어서와 마찬가지로 세상의 불행이란 불행을 한 몸에 지니고 있다고 해도 좋겠다. 특히 중년 이후부터는 병난과 고통의 연속뿐이다. 자칫 잘못하면 불구단명의 액운마저도 있으니 일찌감치 개명을 해서 심기의 전환을 꾀하는 것이 바람직하다. 미인이기는 하더라도 과부의 운이 있다.

세상에는 이름 같은 것은 아무래도 좋다고 생각하는 사람이 있을 것이다. 그러나 주변 사람들의 성명을 살펴보니 이와 같은 경험을 한다면, 성명을 소홀히 다룰 것이 아니라는 것을 알게 될 것이다.

| 5 | 정감풍부 · 지모겸비 · 원만화합 · 종교예술
상하신임 · 재록풍부 · 사업대성 · 부귀영달 | **성공운**
成功運 |

남성 성품이 온후 · 독실하여 정감이 풍부하다. 그리고 지덕을 또한 겸비하였으니 상하신임이 두텁고 때문에 만인의 존경을 받는다. 가정이 화합하고 심신이 모두 건전하다. 재력과 권위를 겸비한 부귀영달(富貴榮達)격으로 지모가 출중하여 어떠한 큰 뜻도 이룩해 낼 수 있고, 사업도 크게 성공하며 가운을 부흥시키는 대길수이다. 단 남성에 있어서는 재혼의 암시가 있다.

여성 어떤 일을 해도 성공을 한다. 연애결혼에 있어서도 이상적인 행운을 누릴 수 있을 뿐더러, 독립하여 남성과 어깨를 겨룰 큰 사업을 일으켜도 무방한 좋은 운기를 지니고 있다. 그것은 이 여성의 마음에 깨끗하고 올바른 애정이 가득하기 때문이다. 애정만은 돈을 주고도 살 수 없다. 이 타입의 여성은 복분이 두터운 여성으로 남편이나 애인에게 말없는 가운데 희망을 안겨주는 숨은 부덕을 지니고 있다. 절망과 비애를 모르고 살아갈 수 있는 삶, 이것이 곧 [5]의 수를 가진 여성의 인생이다. 여성에게는 행복한 일생이 펼쳐질 길수이다.

| 6 | 정감풍부 · 종교예술 · 가문융창 · 덕망신임
대업계승 · 온후독실 · 부귀영달 · 대업성취 | **유복운**
有福運 |

남성 천성이 온후하여 도와주는 사람이 많고 부모의 유산을 계승하여 가문을 융창하게 한다. 부동의 신념과 불요불굴의 노력으로 대업을 성취하는 길수이다. 복분이 두터워 뜻하지 않은 돈이 들어오기도 한다. 그러나 술과 여자를 가까이 하거나 노력이 뒤따르지 않거나 하면, 모처럼의 좋은 복분이 무로 돌아가고 만다. 이 점만 유의하면 부귀영달의 대길수로, 투기를 하여도 대성공을 거두는 암시가 있으니 좋은 길수이다.

여성 정상에 오르면 내려가는 도리밖에 없다. 따라서 폭발적인 행복보다는 점진적인 행복이 보다 바람직한 것은 말할 나위도 없을 것이다. 남편 또는 애인의 애정만으로는 만족하지 못하고, 달리 또 애정을 구하러 나선다고 하면 결과는 미루어 보나마나이다. 바람을 피우는 여성은 반드시 애정에 굶주린 여성이라고만은 할 수 없다. 행복한 애정생활을 하고 있는 여성이 바람을 피우는 케이스 또한 의외로 많다. 그런데 어느 편이냐 하면, 이 수를 가진 여성은 행복한 애정생활에 권태를 느껴 바람을 피우게 되는 경향이 있다.

| 7 | 심신강건 · 성질과강 · 초지관철 · 독립발전
정치실업 · 성공영달 · 여화중성 · 여성가장 | **발달운**
發達運 |

남성 독립심이 강하고 강건한 심신을 가졌다. 그래서 불요불굴의 인내력에 노력 또한 남다르다. 이래가지고도 뜻을 관철하지 못한다면 성공을 하는 사람이란 이 세상에 없을 것이다. 그리고 이 [7]의 수를 성명의 어느 격부에든 가지고 있는 사람은 애써 자신의 주장을 굽혀야 하는 일은 하지 않아도 좋겠다. 성격이 강하고 독립심이 강하니 사업은 동업이 아닌 독자적인 것이 좋고 철(鐵)과 관계있는 일에 인연이 있다.

여성 [7]의 수를 가진 여성은 대체적으로 눈물을 잘 흘린다. 그러나 그 눈물은 마음 깊은 심부에서 우러나오는 눈물은 절대로 아닐 것이다. 여자의 눈물 속에는 마력이 숨어 있다고 한다. 이 수를 가진 여성은 특히 이 말을 기억해 둘 필요가 있다. 거짓 속에서는 참된 행복을 찾기 어렵다. 그리고 [7]의 수는 여성에겐 좀 강한 수이다. 굳이 개명할 필요까지는 없다손 치더라도 온화한 성격을 가지려고 힘쓸 필요가 있다. 중성의 기질과 가장이 될 암시가 있다. 사회에 나아가 활동하는 여성에게는 길운을 가져다주는 수라고도 할 수 있겠다.

| 8 | 성질과강 · 내유외강 · 의지견고 · 신경예리
정치실업 · 초지관철 · 입신양명 · 자수성가 | **건강운**
健康運 |

남성 의지가 강하기가 철석과도 같다. 너무 지나치게 강한 것이 탈일 정도이다. 철석 같은 의지를 뜻하기로는 [7]의 수나 다를 바 없으나, [8]의 수는 특히 강(剛)함이 지나치면 도리어 도중에서 부러지고 만다는 것을 알아야 한다. 필승의 기백은 환영할 만하다 하더라도 과강은 금물이다. 외유내강에 온유를 기할 필요가 있다. 이 점만 유의하면 사회적 명성과 지위를 함께 약속받을 수 있다. 나무에 인연이 있는 일, 건축가 · 제지회사 · 출판업 · 지업사 등으로 나아가면 큰 성공을 거둘 수 있는 길수이다.

여성 한마디로 노력가이다. 현재의 풍족한 생활도 어쩌면 노력 하나로 이룩한 결실일 것이다. 그러나 강한 것만이 최대의 미덕이라고는 할 수 없을 것이다. 더군다나 여성은 부드러운 면을 지녀야만 여성으로서의 다른 미(美)도 빛낼 수가 있을 것이다. [8]의 수를 가진 여성은 매우 건강하다. 이 수를 가진 여성은 반드시 온화한 성격을 가지려고 노력해야만 되는데, 남보다 몇 배의 노력을 기울일 필요가 있다.

| 9 | 재지겸전 · 조난급화 · 불의형액 · 중도좌절
불구폐질 · 고독단명 · 가정불화 · 풍파중복 | 비애운
悲哀運 |

남성 탁류에 떠 있는 부목(浮木)과도 같은 운기를 지녔다. 고매한 성품과 민첩한 수완으로 대업을 수행, 부귀영달을 얻어내었다 할지라도 때가 불리할 때 세상에 나온 영웅과도 같은 격이라, 모처럼 손에 들어온 부귀 · 영달이 중도에서 무로 돌아가는 경향이 있다. 뿐만 아니라 부부운도 또한 좋지 않는 데다 조난 · 형액(形厄) · 폐질 · 불구 · 도난 · 화재 · 횡사 · 단명 등의 흉운을 만날 우려마저 있다. 설령 그와 같은 재액은 면할 수 있다 할지라도, 기술 같은 것을 밑천으로 근근이 입에 풀칠이나 하는 불운 속에 평생을 마치게 된다. 재주와 지혜는 비상하다. 단 이 [9]수가 중복될 때는 흉이 바뀌어 길이 된다.

여성 일평생이 불행의 연속이다. 건강이 좋지 않을 뿐만 아니라, 연애를 해도 실연하게 되고, 결혼을 해도 남편을 잃게 되는 고독한 운명이다. 그래서 이성문제로 트러블을 일으키게 된다. 뿐만 아니라 천수를 온전히 지켜내기 어려운 단명의 암시도 있다. 좋은 재능을 가지고 있으면서도 이를 살리지 못하는 안타까운 흉수이다.

10	다재다능 · 지모출중 · 용의주도 · 호기상실 중년요절 · 사고무친 · 가정불행 · 중도실패	**단명운** 短命運

남성 지모가 출중하고 다재다능하다. 머리로 하는 일이라면 못하는 일이 없으리만치 머리가 좋다. 거기에다 계획성이 또한 뛰어나나, 어찌된 일인지 결실의 기쁨을 맛보기 어렵다. 따라서 흉수로 구분하기는 하나, 앞서 말한 바와 같은 장점만 잘 살릴 수 있다면 구태여 흉수로 몰아세울 것까지는 없지 않나 하는 생각도 든다. 이 수는 머리만 좋은 게 아니라, 사교적 수완 또한 우수하다. 일을 처리하는 솜씨 역시 비상한 데가 없지도 않으나, 나태하고 우유부단한 것이 결점이다. 또 이 수는 부모와의 인연이 박하여 객지를 떠돌아다니고, 또 처자와의 이별, 중년 요절 등 갖가지 흉 암시를 지니고 있다. 단 이 수가 4대 격부 속에 두 번 겹쳐, 중복될 때는 장수 · 대성 · 대부호로 발전하는 길로 바뀌게 된다.

여성 남성과 같이 머리는 좋으나, 평생 방랑생활(정신의 방황도 포함)을 하게 된다. 하는 일이 하나도 이루어지지가 않아 결국은 자포자기에 빠지게 된다. 이 수가 4대 격부에 두 번 중복할 때는 흉이 변하여 길로 바뀌게 된다.

| 11 | 두뇌명석 · 종교예술 · 원만화합 · 의지강인
전진성공 · 가운갱신 · 부귀안락 · 장수다경 | 흥가운
興家運 |

남성 이지적인 사고력과 진취적인 기상의 소지자로, 소기의 목적을 향하여 매진, 사회적으로도 상당한 지위에 오를 수 있다. 성품이 어질고 온화하니 인망이 두텁다. 게다가 이 수를 가진 사람 가운데는 효성이 지극하다든가 가운을 크게 일으켰다든가 하는 미담의 주인공이 적지 않다. 또 양자나 양녀를 두는 예가 있고, 돌다리도 두들겨서 건너는 견실성으로 이렇다 할 실패를 봄이 없이 여생을 보내게 된다. 정치가 · 예술가를 지망하는 것도 좋으나, 샐러리맨인 경우도 순조로운 출세운을 바랄 수 있는 길수이다.

여성 생각지도 않았던 좋은 혼처를 만나 행복한 결혼생활로 골인한다. 그렇다고 그것을 요행으로 돌리는 것은 자신의 자질을 너무 과소평가하는 것이 된다. 좋은 자질을 지닌 데서 차지하게 된 행운이므로 조금도 불안해할 필요가 없다. 다복하고 슬하에도 똑똑한 자녀를 두게 된다. 문예 · 기예에 뛰어나며, 사회활동에도 길운을 가져다준다. 자신을 가져볼 만한 길수이다.

| 12 | 미남미녀 · 의지박약 · 호주호색 · 일시성공
대성난망 · 부부이별 · 병액불구 · 고독비애 | **고독운**
孤獨運 |

남성 의지박약 · 무기력을 암시하는 흉수이다. 따라서 일시성공을 거둘 수는 있다 할지라도 유종의 미를 거두기는 어렵다. 심신이 허약하고 변덕이 심하다. 부모 형제의 덕이 없으며 부부의 인연 또한 좋은 편이 못된다. 그래서 대개는 헤어지기 마련이다. 자녀를 두어도 생사별하는 흉 암시가 있고 병액 · 고독 · 역경 · 변사 · 형액 등 갖가지 재액이 침범하여 잠시도 편할 날이 없다. 때로는 색정에 빠지고 수마저 온전하지 못하여 단명할 암시까지 있는 흉수이다.

여성 매사에 무리가 따른다. 무리도 때로는 개운의 요인이 될 수 없는 것도 아니나, 그것이 겹치고 겹치면 이러지도 저러지도 못하는 궁지에 빠져 허덕이게 된다. 독을 삼킨 후에 아무리 입을 씻어 내어도 소용이 없다. 그와 마찬가지로 궁지에 빠지기 전에 무리를 멀리하고 적으면 적은 대로 착실한 생활을 꾸려 나가는 태도를 가질 필요가 있다. 특히 한 가지만 살피고 두 가지는 살필 줄 모르는 결혼은 절대로 피해야 한다. 부부이별의 운을 지니고 있고 단명의 운까지 있는 흉수이다.

| 13 | 이지발달 · 두뇌명석 · 선견지명 · 처세탁월
임기응변 · 입신흥가 · 대사경륜 · 문학성취 | **지달운**
智達運 |

남성 첫째 두뇌가 명석하고 지혜가 출중하다. 처세에 또한 남다른 데가 있어 대사 · 대업도 능히 성취해 낼 수 있다. 또 대세를 간파하는 안목이 뛰어나고, 대사를 무리 없이 헤쳐 나아가는 임기응변의 명수이기도 하다. 특히 적수공권으로 대업을 이룩해 내는 비상한 능력은 이 수가 지닌 길 암시 가운데서도 최고의 길 암시라 해도 좋을 것이다. 지도적인 선견지명은 어떤 참모역도 능히 감당해 낸다. 그러나 너무 지나치게 이지를 앞세우는 경향은 시정할 필요가 있다. 이지가 지나치면 소재(小才)로 그칠 우려가 있으니 대륙적 심성을 함양할 필요가 있다. 학술 · 예능 · 문학에 크게 성공하는 예가 많으며 부귀영화를 누릴 길수이다.

여성 무에서 유가 생겨나는 일은 좀처럼 드물다. 조그마한 서비스 정신이 의외로 큰 결실을 가져오는 예가 적지 않다. [13]의 수를 가진 여성이 바로 그 「小」를 가지고 「大」를 거두어들이는 타입이다. 이 수를 가진 여성 앞에는 커다란 영예가 기다리고 있다. 결혼도 순조로운 편이다. 현모양처로 부귀영화를 누릴 수 있는 길수이다.

| 14 | 미남미녀 · 다병허약 · 방탕방일 · 단명요절
허장성세 · 예능예술 · 가정불행 · 노고무득 | **파괴운**
破壞運 |

남성 깊은 지혜를 지녀 매사를 용이하게 성취하기도 하고, 상당한 지위와 재복을 또한 누릴 수도 있으나 대개는 일시적인 영화·영달로 끝나 버리는 경우가 많다. 결실을 맺지 못하고 흩어지는 운을 가지고 있기 때문이다. 부모의 덕도 없고 가정운도 좋지 않아 파탄을 초래하기 쉬우니 부부가 이별하거나 자녀와 생이별하거나 하는 비운을 모면하기 어렵다. 사선을 돌파한 연후에 비상한 인내로 어느 정도는 편안을 얻을 수 없는 것도 아니지만, 대개는 고독·번뇌·실패·곤궁·병약·단명의 흉 암시에서 헤어나기 어렵다. 모진 고통을 겪고 꽃을 피우듯 문학·예술로 성공하기도 한다.

여성 우선 먼저 가족과의 인연이 박하다. 노력도 남보다 몇 배 하는 편인데도 돌아오는 것이 도무지 없다. 항상 고독이 마음 깊은 곳에 도사리고 있어 조그마한 자극에도 걷잡을 수 없는 비애감에 곧잘 사로잡혀 자학을 일삼게 된다. 미모가 있으나 부부인연이 박하여 과부가 될 흉 암시가 있다. 명랑해지려고 노력하는 것도 좋지만 아주 개명을 해서 새 출발을 하는 것이 빠른 길일 것이다.

| 15 | 풍류사치 · 원만화합 · 정감풍부 · 종교예술
자립성공 · 부귀수복 · 지덕겸비 · 점진성공 | **복수운**
福壽運 |

남성 지덕을 겸비한 대길수이다. 초년은 비록 곤궁하게 지낼지 모르나 반드시 자립 대성한다. 상하의 신망이 두텁고 중인을 통솔하는 위덕을 또한 갖추어 항상 만인의 위에 서서 추앙을 받는다. 가정운도 좋은 편이어서 아내를 여간 아끼지 않으며 자손들도 효순하다. 나이가 어리다고 주저할 필요는 조금도 없다. 어떤 직업을 택해도 대성할 수 있는 운기를 지니고 있으므로 계획이 섰으면 목표를 향해 일로 매진할 필요가 있다. 가난한 집안에서 태어난 사람도 근면 성실하여 점진적으로 성공하니 마침내 가문을 일으켜 부귀영달한다. 매사에 자신을 가져도 좋은 길수이다.

여성 얼굴에 애교의 미소가 떠날 사이 없다. 그 애교에 넘치는 미소가 행복을 불러온다는 것을 이 수의 여성은 잊어서는 안 되겠다. 또 그 미소가 떠날 사이 없다는 것은 건강한 증거이기도 하다. 내조의 공이란 다른 것이 아니라, 바로 그 애교와 건강이다. 남편운, 자식운 모두 나무랄 데 없다. 현모양처로 자녀는 많은 편이다. 여성이라도 가난 속에서 부를 이룩해 내는 길수이다.

| 16 | 원만화합 · 풍류사치 · 정감풍부 · 종교예술
재운왕성 · 가문번영 · 덕망유복 · 부업계승 | **부귀운**
富貴運 |

남성 성품은 강한 면과 유한 면을 동시에 지니고 있다. 인망이 두터워 도와주는 사람이 많다. 독립심이 강하고 매사에 충실하며 하는 일이 순조롭다. 재력이 풍부하고 대업을 성취할 수 있는 천부의 복운도 지녔다. 그리고 이 수는 부조의 업을 이어받아 가운을 일으키는 특수한 암시를 지니고 있으므로 여건만 허락하면 그 방면으로 개운을 도모해 보는 것도 좋을 것이다. 가정운도 좋아 아내의 내조가 크고 편안하다. 또 이 수를 가진 사람은 도량이 넓다. 아무튼 이 수는 부귀·공명·장수를 약속받을 수 있는 최고의 길수이다.

여성 성품이 온화하고 감성적이며 이상적인 남성과 결혼을 한다. 무슨 일이든 시간을 들여 심사숙고한 끝에 결정하는 자질을 지녀, 이렇다 할 실수를 저지르는 법이 없다. 남편에게 사랑받고 화합하니 행복하다. 또한 자식운, 재운 모두 길하고 장수하니 말년의 운이 더 길하고 행복하다. 남편을 내조하는 공덕 또한 크니 여성에게 있어서도 오복을 누릴 수 있는 현모양처의 대길수이다.

| 17 | 신체건강 · 강직완고 · 자존불굴 · 실업정치
초지관철 · 만난극복 · 자립대성 · 입지출세 | 용진운
勇進運 |

남성 큰 뜻을 세우고 일로 매진하여 초지를 관철한다. 큰 뜻에는 으레 많은 난관이 따르게 마련이나 그것을 능히 극복할 수 있는 강한 인내력과 투지를 지녔다. 자립대성 · 입지출세의 좋은 운기를 지니고는 있으나, 완강한 면이 밖으로 지나치게 노출되면 사교성의 결여라는 결점을 초래하게 되므로 이 수를 가진 사람은 인화에 특히 노력할 필요가 있다. 그리고 이 수는 기술 · 공예 등 기예와 인연이 있는 수이다. 소설가가 된다면 반드시 후세에 남을 좋은 작품을 쓰게 될 것이다. 가정운은 결혼이 늦는 경향이 있으나 좋은 배우자를 만나 부귀영화를 누리는 수이다.

여성 남성에 있어서와 마찬가지로 고집이 대단하다. 주장을 관철하는 것은 개운의 중요한 요인의 하나인 것은 틀림없는 사실이나, 주장을 위한 주장은 반대로 개운에 방해가 되는 수가 많다. 그때의 주장은 한갓 고집에 불과하기 때문이다. 일솜씨도 좋고 머리도 좋으니 사회진출도 물론 무방하다. 가정운은 고집이 강해 남편의 뜻을 잘 따르지 않는 경향이 있으니 이 점만 유의하면 좋은 배우자를 만나 부귀영화를 누리는 수이다.

| 18 | 면모단정 · 지모탁월 · 재기활발 · 실업정치
의지견고 · 신경예리 · 예술성공 · 부귀영달 | **발전운**
發展運 |

남성 어려운 고비가 전혀 없는 것은 아니나, 강한 의지를 지녀 이를 거뜬히 극복해 나간다. 대업을 능히 성취할 수 있는 운과 역량을 또한 지녀 고생을 고생으로 알지 않고 매진한다. 그리고 남의 비위를 맞출 줄 모르는 강한 성격인 까닭에 직업을 선택할 때는 특히 이 점에 유의할 필요가 있다. 정치 · 사업과도 인연이 두터운 수이며 문학, 예술계통으로 나아가도 크게 성공을 보증 받을 수 있는 길수이다. 그러나 워낙 완강한 면을 지니고 있는 까닭에, 우선 먼저 자신을 부드러운 사람으로 만드는 노력이 무엇보다도 필요하다. 가정운은 화목하고 행복하다.

여성 머리의 회전이 빨라도 너무 빠른 감이 없지 않아 있다. 오버 센스도 이 수를 가진 사람의 특성이라면 특성이다. 고집도 여간 세지 않다. 재원이란 말을 듣는 것은 자랑스러운 일이나, 그 때문에 좋은 결혼 상대까지 놓쳐 버릴 수 없는 일이다. 첫째도 사양해야 하고, 둘째도 사양해야 한다. 이 점만 유의하면 어느 방면이는 사회활동도 무방하고 운세도 좋다. 가정운은 화목하고 자손의 효도를 받는다.

| 19 | 두뇌명석 · 지모출중 · 일시성공 · 중도좌절
육친무덕 · 처자이별 · 조난형화 · 병약단명 | **병난운**
病難運 |

남성 한마디로 말해 노력한 만큼 보람을 거두기 어렵다. 대업을 성취할지라도 일시적인 성공으로 끝나 버리기 쉬우니 중도에 좌절하기 쉽다. 그렇더라도 지모만은 타의 추종을 불허한다. 부부의 인연 또한 좋지 않을 뿐만 아니라, 자녀와의 인연 또한 좋은 편이 아니니 이별이나 사별을 하게 되는 경우가 많아 고독을 면하기 어렵다. 거기에다 형액 · 조난 등의 흉 암시가 작용함으로써 신병 · 불구 · 폐질 · 단명 등의 불행을 당할 우려마저 있다. 단 2개의 격부에 중복될 때는 양호할 수 있다.

여성 여성에게는 특히 흉 암시가 강한 흉수이다. 연애를 해도 성사가 안될 뿐더러 공연한 트러블로 속만 썩이게 된다. 모처럼의 미모 · 애교가 때로는 화근이 되기조차 한다. 특히 형격(A+B)이 [19]인 때는 크게 주의할 필요가 있다. 매사가 성공 일보 직전에 허사로 돌아가게 마련이다. 가정운이 좋지 않아 남편덕 자식덕을 기대하기 힘들다. 그래서 고독하고 질병에 시달리니 건강도 좋지 않다. 거기에 낭비벽까지 있어 흉수이다. 단 여자에게 있어서도 중복될 때는 양호할 수 있다.

| 20 | 두뇌명석 · 지모탁월 · 중도실패 · 변사단명
가정불행 · 조난재액 · 절처봉생 · 반흉반길 | **파산운**
破産運 |

남성 [10]의 수와 마찬가지로 재능과 지모에 있어서는 이를 따를 수 없으나, 횡액 · 변사 · 단명 등 갖가지 재난을 면하기 어려운 운기를 지녔다. 대업을 성취 못할 것도 없으나, 장구적인 복운을 누리기는 매우 어렵다. 성공의 기쁨이 채 사라지기도 전에 새로운 불행을 만나게 되는 것이 이 [20]이란 수가 지닌 운기이다. 이 수가 4개의 격부 속에 2중으로 중복되어 있을 경우는 때로 대인물 · 부호 · 장수자가 나올 수도 있으나, 그 같은 예는 지극히 드문 일이다. 가정운도 부부 생사별, 자녀 불행 등의 암시기가 있다.

여성 4대 격부 속에 그 어느 하나에라도 이 [20]의 수가 있을 때는 교통사고를 비롯하여 병난 · 화재 · 조난 등 헤아릴 수 없이 많은 재앙과 액운을 만나게 된다는 대흉수이다. 그만큼 이 [20]의 수는 극악의 흉 암시를 내포하고 있다. 비록 그와 같은 흉 암시에서 요행히 자신을 보호해 낼 수 있었다고 하더라도, 과부가 되거나 남편이 축첩하는 등의 여성으로서는 참을 수 없는 수모를 면하기 어렵다.

| 21 | 이지발달 · 지모탁월 · 견실온건 · 난관극복
중인앙시 · 대업완수 · 부귀공명 · 입신출세 | 두령운
頭領運 |

남성 대업을 완수하여 이름을 사해에 드날리는 대길수이다. 탁월한 지모와 덕을 지녀 대중을 리드하는 지도적인 지위에도 쉽게 오를 수 있다. 그러나 그 경로에는 힘에 겨운 난관이 적지 않을 것이다. 하지만 그것을 극복하고 남을 강한 힘을 이 수는 지니고 있다. 재운이 좋고 배우자복도 있으니 부귀공명을 이루어 행복하다.

여성 남성이었더라면 하는 생각이 간절하다. 안타깝게도 이 수는 남성과는 다르게 여성에게는 흉한 암시를 지니고 있다. 원격(B+C)이나 형격(A+B)에 [21]의 수가 있을 때는 남자와 겨루어도 손색이 없을 만큼 큰일을 이룩해 낼 수도 있고, 명성도 얻어낼 수 있다. 그러나 가정운만은 좋지 않다. 남편의 운을 극하고 결국은 고독한 과부로 세월을 보내게 마련이다. 만약 부부의 금실이 좋으면 슬하에 자식이 없고, 자식이 있으면 과부가 되는 묘한 운기를 지녔다. 만약 이 [21]의 수가 정격(A+B+C)이나 이격(A+C)에 있으면 재취 자리로 시집을 가게 된다. 여성으로서 가정운은 좋지 않아도 사회적으로 성공하는 예는 많다.

| 22 | 두뇌명석 · 재질탁월 · 미남미녀 · 중절실패
조혼불리 · 부부상별 · 조난단명 · 사고무친 | **좌절운**
挫折運 |

남성 좋은 일이 있으면 반드시라고 할 정도로 방해가 끼어든다. 성공수가 전혀 없는 것도 아니나, 바로 좌절하는 비운을 만나 한탄하게 된다. 실패 · 형액 · 조난 등 역경의 흉 암시가 연이어 작용하는 흉수이다. 처자상별, 자녀불행에 병난, 단명의 흉운마저 겹치는 일이 드물지 않다. 단 운세가 강한 여성과 결혼을 하면 그와 같은 흉 암시를 어느 정도는 제압할 수 있다. 재질만은 탁월하고 우수하다. 미남이다.

여성 이다지도 고적하고 쓸쓸한 처지도 없을 것이다. 늦가을 찬바람에 낙엽이 우수수 떨어지는 격이라 할까. 결혼의 상대로는 재취 자리가 아니면 지나칠 정도로 명랑한 남성을 택하는 것이 좋겠다. 아무튼 이 [22]의 수를 가진 여성은 미인인데도 불구하고 이상적인 부부생활을 하기 어렵다. 형식적인 부부생활로 끝나는 수가 허다하다. 가정운이 나쁘더라도, [21]의 수는 사회적인 성공은 그래도 기대할 수 있으나, 이 [22]의 수는 직업전선으로 뛰쳐나가 성공을 기대할 수 있는 것도 아니다. 다만 미인일 뿐이다.

| 23 | 두뇌명석 · 지모탁월 · 일약출세 · 동량지개
현실주의 · 공명영달 · 종교예술 · 학문기술 | **융창운**
隆昌運 |

남성 해가 떠오르는 듯하는 욱일승천의 기운을 지닌 대길수이다. 비록 출신이 비천하더라도 명석한 두뇌와 탁월한 덕량으로 일약 출세 길에 올라 영도적인 인물로서 권세를 누리게 된다. 관운, 사업, 명예 모두 좋다. 가정운도 좋은 배우자를 만나게 돼 행복하다. 단 이 수가 중복하고 있을 때는 운이 너무 과강하여 딱딱한 가지가 잘 부러지듯이 중도좌절의 비운을 면치 못하게 된다. 중복은 피하는 것이 좋겠다.

여성 [23]의 수는 남성의 수이다. 안타깝게도 이 수는 남성과는 다르게 여성에게는 흉한 암시를 지니고 있다. 자식을 양육하는 데는 아무런 지장이 없으나, 부부운은 열에 열 좋지 않다. 이른바 상부지운으로 남편을 여의게 된다. 재혼해도 과부요, 삼혼해도 과부가 되는 운세다. 단 남편 이름의 형격(A+B)이 21, 23, 24, 31, 39, 41인 경우는 이를 피하는 예도 있다. [21]의 수처럼 가정운은 좋지 않아도 능력 있는 여성은 사회로 진출하여 큰 성공을 거두는 예가 많다. 그러나 여성의 행복은 어디까지나 가정에 있지 않나 생각된다.

| 24 | 미남미녀 · 온화원만 · 풍류화려 · 창조창의
점진성공 · 분투노력 · 대업완수 · 재복진진 | **축재운**
蓄財運 |

남성 얼핏 보기에는 빈약해 보이지만 뛰어난 지모와 창조력을 그 속에 지니고 있는 수이다. 또 불요불굴의 노력형이기도 하여, 대업을 수행함에도 부족이 없으나 성공의 속도는 다분히 점진적이다. 또 무일푼에서 출발하여 재산을 쌓아 부귀영화를 누리는 자수성가로 재복과 가정운 모두 다 대길하다. 만약 이 수가 정격(A+B+C)에 있고 다른 격과의 조화에 결점이 없으면 비상한 발전 · 발달을 약속받을 수 있다.

여성 지혜가 있고 온화한 성품으로 애교가 있다. 부모 또는 윗사람의 도움을 많이 받으니 모든 일이 순조롭다. 복권 당첨 운이 남보다 몇 배 많은 것은 [24]의 길운 때문이라 해도 좋겠다. 이 수를 가진 사람은 복권 당첨률도 높을 뿐더러, 당첨이 되더라도 운기가 빗나간다거나 하는 일이 없다. 가정운 또한 길해 화목하며 비극이 스며들 틈이 없다. 뿐만 아니라, 바람을 밥 먹듯이 피우던 남성도 이 수를 가진 여성과 결혼하면 그 길로 바람을 피우지 않는다. 자녀운도 좋아 행복하게 장수하는 대길수이다.

| 25 | 성질과강 · 이지발달 · 참모재능 · 발명재능
자수성가 · 대업달성 · 재록진진 · 안강다복 | **건창운**
健暢運 |

남성 적수공권으로 계획한 일은 끝까지 밀고 나가 대성하는 대길수이다. 명예와 재물을 아울러 성취할 수 있는 드물게 보는 좋은 운세이기도 하나, 자칫 잘못하면 지나친 자신이 화근이 될 수도 있다. 그리고 이 수가 형격(A+B)에 있으면 우선 언어에 주의해야 하고, 인화에 힘쓸 필요가 있다. 이 수가 정격(A+B+C)에 있고, 선천운인 사주에 재운(財運)이 승하면 거부가 되기도 어렵지 않다. 아무튼 자신을 가져도 좋은 길수이다.

여성 이지가 발달하고 영민하며 노력한다. 애교와 여성적인 매력이 넘치고 사교적이다. 그런데 그 매력과 강한 운세를 믿고 오만에 흐르는 경향이 없지 않으므로 이 점은 유의해야 한다. 또 남을 믿는 솔직한 마음가짐이 개운에 큰 역할을 한다는 것도 명심할 필요가 있다. 자신을 도와주려는 사람이 주위에 얼마든지 있다는 것은 여간 마음 든든한 일이 아닐 것이다. [21], [23]처럼 이 수도 여성으로서 사회에 진출해도 성공을 이룰 수 있다. 부부인연이 좋아 가정이 화목하고 자손이 효도한다. 또 건강하게 장수하는 길수이다.

| 26 | 예능다재 · 중년요절 · 방일방탕 · 살신성인
영웅괴걸 · 가정불행 · 구사일생 · 형액풍파 | **괴걸운**
怪傑運 |

남성 비록 예술·예능의 재능에는 뛰어나나 한마디로 영웅괴걸적인 운을 지니고 있다. 의협심이 강하고 대사를 경륜하는 기백이 또한 비상하여 호운을 만나 파죽지세로 성공, 영웅적 지위를 차지할 수 있으나, 한번 운이 기울었다 하면 조난·형액·변사 등의 재액이 한꺼번에 들이닥친다. 한마디로 길흉이 극단이다. 가정운 또한 비참하여 처자와 생사별하는 비애를 면치 못할 뿐더러, 재기의 기회조차 얻기 어려워진다. 그리고 이 수는 여자로 인한 화를 불러오기 쉬운 암시가 있으므로 적어도 여자의 뒤를 따라다니는 일만이라도 삼가는 것이 좋겠다. 또 이 수를 가진 사람들 중에는 위인, 살신성인의 열사 등이 나온다. 때문에 가정운은 불행하다.

여성 여성의 수가 아니다. 다행히 역경을 여러 차례 겪고도 여전히 원기가 왕성한 여성은 남자에 있어서나 마찬가지로, 선택된 사람으로서 부귀와 권세를 한 몸에 차지할 수도 있을 것이다. 하지만 안전제일을 원하는 사람은 이 수를 되도록 사용 안하는 것이 좋을 것이다. 이 수를 가진 여성들 중에서 여걸 여장부가 나온다. 가정운은 불행하다.

| 27 | 자질과강 · 영명투철 · 적극행동 · 성쇠불측
중도좌절 · 실패조난 · 불구단명 · 파란중첩 | **중절운**
中折運 |

남성 불의에 좌절을 겪는 운이다. 원래가 이 수는 영명투철한 인재 · 인걸로서 능히 대사를 도모할 재질이나 역량을 지니고 있기는 하다. 그러나 그 같은 자질로 하여 부귀 · 영예를 한 몸에 지니기도 어려운 일은 아니나, 대개는 이 수가 지니고 있는 흉 암시의 작용을 받아 중도 좌절의 비운에 우는 수가 많다. 뿐만 아니라 흥망성쇠의 변화가 극심한 수로서 조난 · 형액 · 불구 · 단명 · 부부사별 등의 비운을 만나는 수도 드물지 않다. 이 수가 원격(B+C)에 있으면, 전반생은 절차탁마로 성공하는 운기요, 정격(A+B+C)에 있으면 말년운이 매우 고독하다. 여색을 밝히는 암시가 있다.

여성 좋은 계획을 세워도 좋은 결과를 보기 어려운 암시가 있다. 될 듯 될 듯하다 바로 허사로 돌아가고 만다. [27]의 수를 가진 여성은 그 원인이 어디에 있는가부터 규명할 필요가 있다. 그리고 이 [27]의 수를 가진 여성은 거짓말을 잘하는 버릇이 있다. 물론 이는 시정해야 할 큰 결점이다. 그리고 가정운은 남자를 극하는 흉 암시를 가지고 있으니 특별히 인내와 수양이 필요하다.

| 28 | 성쇠무상 · 난세영웅 · 일희일비 · 호주호색
여성요염 · 가정파란 · 육친무덕 · 불구변사 | 고난운
苦難運 |

남성 남자다운 면이 있기는 하나 다른 사람과 다툼이 많고 조난운이 강한 수이다. 온갖 재난이 항상 노리고 있다. 영달을 전혀 바랄 수 없는 것은 아니나, 그 영달도 수포로 돌아가기 마련이고, 가정운 역시 좋지 않아 육친무덕 · 부부 자녀와의 생별, 형액 · 변사 · 불구 등의 흉운을 만나는 수가 많다. 그렇더라도 이 수가 정격(A+B+C)에 있고 선천운과 조화를 이루고 있으면 건강 · 용진 · 호걸운으로 전환하는 까닭에 어느 정도의 성공은 바랄 수 있다. 다른 격부와 조화를 이루고 있으면 굳이 개명할 필요는 없다. 적어도 극흉극악의 흉수는 아니다.

여성 이 수는 여성적인 애교 · 매력에 있어서는 만점이라 하겠으나, 조난운이 강한 수로 특히 여성에게는 좋지 않은 수이다. 이 수를 성명의 어느 한 격부에 가지고 있어도 신병 · 재난 · 빈곤 · 사고 등 궂은 일만 연이어 만나게 된다. 어릴 때부터 부모의 덕도 없고 결혼운도 좋지 않아 생사별로 과부가 되는 예가 많다. 아주 다른 이름으로 바꾸어 버리는 것이 좋겠다.

| 29 | 이지발달 · 두뇌명석 · 학문기술 · 문학예술
적극활동 · 대업성취 · 부귀장수 · 자기과신 | **성공운**
成功運 |

남성 대인 관계가 원만하고 총명하며 지모가 출중하다. 또한 활동력도 왕성하다. 대업을 성취하여 부귀 안락, 길복을 누리게 되는 길수이다. 다만 매사에 만족하지 못하고 불평불만이 많은 것이 결점이라면 결점이다. 또 한 가지 결점은 자신을 너무 과신하는 경향이다. 자기 과신은 자칫 인생의 행로를 그르치게 하는 과오를 초래하기 쉬우므로 이 점에 각별히 주의할 필요가 있다. 이 점만 주의하면 상당한 사회적 명망도, 지위도 획득할 수 있을 것이다. 재물, 명예, 관운이 모두 좋고 수 또한 장수한다.

여성 계략 · 책략을 좋아하는 경향이 있다. 계략이 곧잘 적중해 다행이라고 생각하고 있는지는 모르나, 상대방도 다 같은 지적 수준을 가진 사람들이다. 겉으로는 표시하지 않겠지만 요주의 인물로 점을 찍어 놓고 있을 것은 뻔한 일이다. 이 점에 유의하고 4대 격부의 배치가 좋으면 복을 누릴 수 있다. 남성의 기질이 있어 남자를 이기려는 강한 면이 있으니 이 점도 유의해야만 한다. 여성에게 있어서도 흉수는 아니다.

| 30 | 불의병액 · 모험투기 · 조난단명 · 이재기벽
권모술수 · 부침극심 · 길흉상반 · 여성극부 | **부침운**
浮沈運 |

남성 좋은 일도 궂은 일도 영구히 계속되는 것은 아니다. 권모술수의 특성을 가져 대사를 도모, 대성공을 거둘 수도 있으나 한번 불운에 빠졌다 하면 온갖 재액이 연이어 들이닥치게 된다. 그러나 묘한 것은 그같이 불운 속에서 허덕이다가도 돌연 생각지도 않았던 호운을 만나 다시 발전의 길로 치닫는 등 도무지 흥망성쇠를 예측하기 어려운 것이 이 수의 운기이다. 따라서 일확천금을 꿈꾸는 것보다는 안전한 길을 택하는 편이 더 좋겠다. 가정운도 불길하고 조난 단명의 흉 암시가 있다.

여성 증권 같은 투기에 지나칠 정도로 관심을 쏟는 경향이 있으나, 이득을 바라기에는 운이 너무 비색하므로 아예 손을 대지 않는 것이 안전할 것이다. 한번 재미를 보았다 해서 다음도 그 다음도 재미를 볼 수는 없는 것이다. [30]의 수의 여성은 결혼마저도 복권을 사는 듯한 기분으로 하는 경향이 있다. 결혼은 평생의 행복과 불행을 좌우하는 중대사이다. 이 수를 가진 여성은 남편을 극하는 암시가 강하고 난병할 운기가 있으니 불길한 수이다.

| 31 | 남녀미모 · 이지지인 · 온화원만 · 온건점진
학예겸비 · 백절불굴 · 자립대성 · 부귀겸전 | **개척운**
開拓運 |

남성 인덕 · 지혜 · 용기 · 인내력을 두루 겸비한 대길수이다. 세상사를 내다보는 안목 또한 날카로워 사심으로 눈이 흐려지는 일만 없으면 반드시 성공한다. 원래 이 수는 학술 · 예술과 인연이 깊은 수인 까닭에, 특히 이 계통으로 나아가면 보다 큰 성공을 거둘 수 있을 것이다. 적수공권으로 대사를 도모해 이를 성공으로 이끄는 운세가 강하다. 가정이 화목하고 건강하게 장수하는 길수이다.

여성 온화하고 원만한 성품으로 미인이다. 그러나 여성에 있어 결혼은 최고의 중대사일 것이다. 돈도 있고 지위도 있는 남성, 물론 더할 수 없이 좋은 결혼 상대자이다. 그러나 돈과 지위보다도 더 소중한 것은 인간성과 사람됨이다. 그런데 다행히도 [31]의 여성은 돈보다도 지위보다도 우선 먼저 인물 본위로 상대방을 고른다. 그런데 인물 · 애정 · 돈 · 지위를 두루 겸비한 남성을 애쓰지 않고도 만날 수 있다는 것이 이 수를 가진 여성의 특별한 운이다. 또 이 수를 가진 여성에는 재주와 인덕을 겸비한 여성이 많다는 것이다. 가정이 화목하고 효도하는 자손들과 건강하게 장수한다.

| 32 | 자수성가 · 온화원만 · 의외치부 · 여성요염
순풍항로 · 만사형통 · 가문흥륭 · 수복겸전 | **요행운**
僥倖運 |

남성 명예나 의리를 존중하고 처세에 능하다. 순풍에 돛을 달고 인생항로를 치닫는 격이다. 귀인을 만나 승천하는 격으로 도와준 사람이 많다. 그리고 한번 때를 만나면 파죽지세로 성공에의 길을 치닫는 요행의 운기를 지녔다. 이 수는 의학, 문학, 법학, 경영학, 예술 등 어느 분야에 진출하든 크게 성공하는 대길수이다. 이 수가 정격(A+B+C)에 있고 선천운과의 조화가 맞지 않거나 분수를 어기고 오만할 때는 급변을 만나는 흉 암시도 있으니 무엇보다도 인화 음덕에 힘쓸 필요가 있다. 그리고 이 수를 가졌을 때는 어느 누구에게든 감사하다는 생각을 잊어서는 안 되겠다. 배우자 선택에 신중을 기해야 한다.

여성 감정이 풍부하고 요염한 자태를 가졌다. 우연한 기회에 이상적인 애인을 만나는 길 암시가 있다. 비단 애인뿐만 아니라, [32]의 수를 가진 여성은 이와 같은 요행수를 매사에서 겪게 된다. 계획하는 일도 잘되고 금전운도 전혀 나무랄 데가 없다. 이 수는 지칫 고독을 가져다주는 경향도 있으나 부귀영화를 누리는 운이다.

| 33 | 만인추앙 · 지모출중 · 재물풍족 · 동량지개
현실주의 · 학문예술 · 초년발달 · 여성요염 | 왕성운
旺盛運 |

남성 지모와 판단력이 출중하여 일찍부터 영화의 길을 치달아 마침내 명성과 권위를 차지하게 되는 길수이기는 하나, 워낙 극길 · 극왕운이라 왕운의 이면에는 항상 극쇠 윤락 · 암흑 · 함정 등의 흉 암시가 도사리고 있다. 따라서 평범한 사람에게는 너무 강한 수라고도 볼 수 있겠다. 이 수를 가진 사람은 일찍 사업에 크게 성공하는 예가 많다. 도와주는 사람도 많고 순조롭다. 이렇게 재물운이 원만하나 가정운은 여자문제가 발생하는 것을 유의해야 한다.

여성 한마디로 말해서 금전운도 좋고 결혼도 순조롭고 무엇 하나 아쉬운 것 없이 살아오다가 돌연 남편이 돌아감으로써 불운에 운다 할까, 그러한 격이다. 세상에는 재혼을 하는 사람도 많아, 아주 비애를 씻고 재혼을 하는 방법도 없지 않긴 하지만, [33]의 수를 가진 여성은 일이나 재산, 그리고 자녀 문제 등으로 해서 이러지도 저러지도 못하는 처지에 놓이게 되는 확률이 높다. 가정운은 좋지 않아도 운세가 강하므로 자립 대성하여 이름을 세상에 드날리는 여성의 예가 적지 않다.

34	불의병액 · 단명요절 · 허장성세 · 부부이별 파괴파멸 · 재화연속 · 만사실패 · 예측불능	파괴운 破壞運

남성 파괴 파멸의 운기를 휘두르는 대흉수이다. 불의의 재화가 계속되고 매사에 흉운이 작용하여 이루어지는 것이 하나 없다. 가지고 있던 재물도 흩어지고 부부생사별, 자식과의 생사별 등의 비애를 면하기 어려울 뿐만 아니라, 형화 · 업화 · 살상 · 광증 · 패가망신 등 극악 극흉의 불행이 끊일 사이 없다. 아무튼 흉수 가운데서도 첫째나 둘째로 손꼽히는 대흉수이니 이 수가 어느 격부에 있든 간에 아주 개명을 해서 심기를 일전하는 것이 바람직하다. 불행을 만나 요절 또는 횡사한 사람의 이름을 보면 이 수를 가진 이름이 압도적으로 많다. 열에 열 단명한다.

여성 허영심이 많고 허세를 부리며 끈기가 부족하다. 남에게 지기 싫어하고 약삭빠르다. 수단은 좋으나 운세가 막히니 모처럼의 영화가 오래 가지 못한다. 여성에게 있어서도 이 수가 나쁘게 작용하는 대흉수인 것은 남성에 있어서와 마찬가지이다. 부부이별 · 단명 · 요절의 흉 암시가 따라다녀 결국 고독하고 실패하니 일찍 개명하는 편이 좋겠다. 병마가 떠날 사이 없고 그래서 히스테리가 또한 대단하다.

| 35 | 이지발달 · 온화원만 · 이상주의 · 평탄순성
충직성실 · 상부상조 · 문예학술 · 부귀장수 | **안강운**
安康運 |

남성 성품이 온화하고 원만하다. 인덕이 많아 만사가 순조롭다. 소극적인 면이 있으나 자신의 분수에 합당한 천직에 종사하여 과욕 없이 노력하면 부귀와 영화를 아울러 차지할 수 있다. 그리고 [35]의 수는 어느 분야에 진출해도 성공과 명예가 따르지만 특히 문예·학술·기예 방면과 인연이 깊은 수이므로, 이 방면으로 나아가면 보다 큰 대성을 약속받을 수 있을 것이다. 가정운도 별다른 풍파 없이 안전하게 살아가는 수이다.

여성 매력적인 여성으로, 결혼 전에는 뭇 남성의 동경의 대상이 되기도 한다. 온갖 재능을 갖추고 있어 남편 되는 사람은 부인의 재능을 믿고 사업 같은 것을 시작해 보려고 할지도 모른다. 그러나 혼자 일을 도맡아 사업을 할 정도의 의지력을 이 수는 갖추고 있지 않다. 남편을 내조하고 자신은 가정을 돌보면서 문학, 예술 같은 데에 취미를 붙이는 것이 가장 무난할 것 같다. 이것이 여성의 으뜸 행복이라면 이 수의 여성이 바로 그러하다. 좋은 배우자를 만나 부귀장수하며 행복하게 살아가는 여성의 수이다.

| 36 | 불의병액 · 의협의리 · 예술예능 · 가정불행
파란중첩 · 자존거만 · 조난역경 · 만사실패 | **파란운**
波瀾運 |

남성 일종의 영웅운으로서 파란과 부침이 끊일 사이 없어 평생 동안 파란을 겪는 풍운아의 운기를 가지고 있다. 그러나 의협심과 의리가 강해 남을 위해서는 자신을 돌보지 않고 나선다. 그래서 만인의 추앙을 받기도 하나, 그와 동시에 희비를 아울러 내포하고 있는 운기라, 만약 성공이 따를 때는 곧바로 나락의 길을 걷게 된다. 아무튼 성쇠를 걷잡을 수 없는 파란수로서 병난 · 조난 · 고독 등의 흉운이 항상 침범할 기회를 노리고 있다. 때문에 가정도 불행할 수밖에 없다.

여성 남의 일을 봐주는 것은 좋은 일이다. 그렇다고 그것이 본업처럼 되고 마는 것도 곤란하다. 가정을 가지고 있는 경우는 더 말할 나위도 없다. 주부는 주부로서 해야 할 일이 많다. 자기 집이 불타고 있는 데도 불구하고 남의 집 불을 끄러 다닌다는 것은 현명치 못하다기보다도 어리석은 일이다. 가정운도 배우자 덕이 없어 생이별하거나 사별하는 수가 있어 풍파가 많으며 고독하다. 때로 이 수의 여성 중에는 열사가 나오는 경우노 있으나 어떻든 여성에게도 좋은 수가 못된다.

| 37 | 남녀미모 · 성질과강 · 풍류사치 · 정치실업
담대과단 · 대사경륜 · 독립단행 · 명진사해 | 주공운
奏功運 |

남성 성품이 남을 위해 봉사하는 희생정신이 강하다. 뛰어난 지모와 담대한 과단성은 천하의 대사도 능히 경륜해 낼 수 있을 것이다. 명성이 사해에 떨치는 일종의 영웅수로서 천부의 행운을 지녀 부귀영화를 누리게 되는 길수이다. 그러나 매사에 독단적으로 단행하는 경향이 있어 자칫 잘못하면 고립을 면하기 어려운 우려가 있다. 따라서 항상 융화에 노력하고 덕을 쌓는 데 힘쓸 필요가 있다. 이 점만 유의하면 나무랄 데 없는 길수이다. 또 이 수는 정치나 실업과 인연이 깊은 수리이다. 가정운도 좋다.

여성 손님을 대접하는 태도를 보면 그 집 주부의 인품을 짐작할 수 있고, 나아가서는 그 집의 생활 규모까지도 들여다볼 수 있다. [37]의 여성은 손님을 맞아 성의껏 대접한다. 아무렇지도 않을 일이지만 행운은 바로 그 같은 성의를 길잡이로 하여 찾아오는 수가 많다. 성의를 저버리지 않는 이상 행운은 항상 자신과 더불어 있다는 것을 명심해 둘 필요가 있다. 가정운도 배우자 덕이 많아 행복하게 살아가는 길수이다.

| 38 | 이지지인 · 재질탁월 · 이상주의 · 이재기인
문학예술 · 학문기술 · 발명계통 · 실행부족 | **문예운**
文藝運 |

남성 성품은 어질고 착하며 이상주의자다. 평범한 운세지만 문학 · 예술 · 창작 · 발명과 인연이 깊은 길수로서 이 방면으로 나아가면 큰 성공을 거둘 수 있다. 그 밖의 권위를 우선적으로 앞세워야 하는 일에 있어서는 활동 역량과 통솔력이 부족하여 목적 관철의 희망이 희박하다. 그러나 일단 결의한 바를 향해 일로 매진, 부단한 노력을 경주하면 마침내 성공, 부귀를 획득할 수도 있을 것이다. 길수이다.

여성 계획을 세우는 데는 비상한 재능을 가지고 있으면서도 실행력이 부족하여 무엇 하나 이룩하지 못하고 허송세월하는 사람이 얼마든지 있다. 어느 편이냐 하면 [38]의 수를 가진 여성도 이 같은 부류에 드는 사람이다. 첫째, 이 같은 타입는 신용이 없다. 말뿐인 사람으로 낙인을 찍히기 십상이다. 중년에 이르러 운기가 쇠퇴하는 경향이 있는 것도 바로 이 실행력 부족에 원인을 두고 있다. 첫째도 실천, 둘째도 실천, 개운의 길은 오직 이 실천 · 실행밖에 없다. 가성운은 좋아 행복한 결혼 생활을 하는 길수이다.

| 39 | 지모탁월 · 급진주의 · 박력수행 · 학문기술
중인통솔 · 부귀영달 · 수복장수 · 재백풍부 | 장수운
長壽運 |

남성 상당한 인격의 소유자임을 암시하고 있다. 매사를 능히 경륜할 재지를 또한 가져, 한번 때를 만나면 박력 있게 일을 추진하고 결과는 길운을 향해 치닫는 좋은 수리이다. 권위와 재물이 겸전하고 부귀 · 영예 · 장수의 복운을 또한 지니고 있다. 이와 같이 좋은 운기의 이면에는 끔찍한 흉운이 내포되어 있으므로 자기 과신과 오만은 금물이다. 길흉이 종이 한 장 사이를 두고 인접하고 있는 까닭에 이 수를 사용할 때는 선천운과의 조화를 특히 살펴야 할 것이다. 초년보다는 중년 후가 좋다.

여성 화려한 일면을 성격에 지니고 있다. 예능인 · 패션모델 같은 직업을 누구보다도 동경하는 부류의 타입라 할까. 다행히 그 길로 나아가 활약하게 되는 경우라 할지라도 대개 일시적인 인기인으로 끝나는 경향이 많다. 아무리 성능이 좋은 차도 과속으로 달리면 사고가 나게 마련이다. 행운도 마찬가지이다. [39]의 수를 가진 여성은 한번 때를 얻어 소원을 이룩했으면 곧바로 은퇴할 준비를 하는 것이 바람직하다. 특히 여성에게 있어서는 남편과의 생사별 등 부부운이 좋지 않은 수이기도 하다. 과부의 수다.

| 40 | 다병다질 · 단명요절 · 담대모험 · 사행투기
노고무공 · 허욕손재 · 덕망부족 · 근근평강 | **무상운**
無常運 |

남성 지모와 담력 그리고 임기응변의 재간이 출중하여 대업도 무난히 성취할 수 있으나, 덕망 부족으로 비방의 대상이 되기 쉬운 결함이 있다. 투기를 좋아하고 일확천금의 허황된 꿈을 꾸는데 항상 허사로 돌아가기 일쑤다. 비록 성공이나 영화를 누린다 해도 그것은 일시적이고 되는 일이 하나 없으니 무상하다. 선덕을 베풀고 항상 바른 길을 따라 수양을 게을리 하지 않으면 흉운이 호운으로 바뀌어 안락을 누릴 수도 있을 것이다. 이 수를 성명에 가지고 있을 때는 남을 위하여 봉사하는 정신을 갖는 게 좋겠다. 그렇지 않을 때는 형액 · 상해 · 자살 등의 화란을 불러일으키게 된다.

여성 고독하다 해서 무조건 이를 배척할 필요는 없다. 견해 여하에 따라서는 고독 또한 즐거운 인생살이의 하나가 될 수도 있다. 다만 그 고독을 견뎌낼 수 있느냐 없느냐가 문제이다. 그런데 [40]의 수를 가진 여성은 고독을 견뎌내는 힘이 충분하다 할 수 없다. 아무튼 실의 · 고독의 길을 걸을 수밖에 없는 흉수이다.

| 41 | 남녀미모 · 이지발달 · 선경지명 · 의지견고
학문기술 · 정치실업 · 자손번영 · 부귀장수 | **고명운**
高名運 |

남성 정직한 성품에 담력과 지모를 함께 겸비한 대길수이다. 크고 작은 일에 항상 앞장서고 거기에 덕망을 갖추었으니 최고의 리더요 두령이다. 관계, 정치, 실업 어느 쪽으로 진출해도 반드시 최고의 자리를 차지하는 길 암시가 있다. 또한 세상사를 미리 내다보고 거기에 맞게 처신하는 깊은 안목은 이 수의 두드러진 특성이라 해도 좋겠다. 따라서 그 이름이 세상에 크게 알려지게 된다. 또한 가정운도 좋아 배우자덕이 있으며 자녀들이 번성하고 부귀 장수하니 행복한 길수이다.

여성 덕을 갖춘 여성이 많다. 좋지 않은 마음을 가지고 내닫다가도 상대방의 인격에 감동받아, 앞서 먹었던 나쁜 마음을 버리고 선인으로 돌아서는 예가 세상에는 허다하게 있다. 이와 같이 악인도 선인으로 만들 수 있는 덕을 지니고 있는 것이 [41]의 수를 가진 여성이다. 부부운도 좋아 내조의 공이 크니 게으른 남편은 부지런해지고, 화를 잘 내는 남편은 화를 내는 것을 잊어버리게 된다. 또한 자식들을 바르게 키워 말년에는 효도를 받으니 이 수는 현모양처의 길수이다.

| 42 | 박학다예 · 다재다능 · 정력분산 · 파란자초
가족상별 · 불구폐질 · 조난중첩 · 의타의탁 | **실의운**
失意運 |

남성 박학 다예한 자질을 지닌 데다 세상사에 또한 밝으나, 이것저것 벌리니 노력과 정력이 분산되는 결함이 있어 한 가지에 뛰어나기는 어렵다. 노력을 한 곳에 쏟아 전심하면 어느 정도의 성공은 바랄 수 있으나, 원래가 무기력하고 성격이 또한 완강하여 모처럼의 좋은 운기를 저해, 스스로 실패를 초래하여 파란의 길을 걷게 되는 암시가 있다. 거기에 가족상별 · 불구 · 조난 등의 흉운마저도 면하기 어렵다. 이 수를 가진 사람은 의연한 태도와 고고한 정신을 애써 고수할 필요가 있다. 직업은 문학 · 예술밖에 없다.

여성 총명하나 사교성이 부족해 화목하지 못하다. 세상사에는 언제나 표면과 이면이 있게 마련이다. 겉은 화려해 보여도 이면에는 피눈물 나는 수련과 역경이 그 속에 도사리고 있는 예가 얼마든지 있다. [42]의 수를 가진 여성은 대개 예능계에 진출을 꿈꾸는 경향이 많으나, 여기에는 죽느냐 사느냐의 노력이 필요하므로 단념하는 것이 현명하다. 가정운도 좋지 않고 건강마저도 좋지 않은 흉 암시가 있는 수이다.

| 43 | 외화내빈 · 정신박약 · 파란신고 · 불의재난
패가망신 · 방일방탕 · 전전유랑 · 남녀황음 | 손재운
損財運 |

남성 잠시도 가만히 있지 못하는 성격을 가진데다가 허황한 유혹에 빠지기 쉬운 암시마저 지녔다. 진취적이기도 하고 예의에도 밝을 뿐더러, 어느 정도는 달관한 눈으로 세상을 보는 자질을 가져, 성공을 아주 바랄 수 없는 것도 아니나, 어느 때고 실속 없는 외화내빈의 흉 암시에서만은 벗어나기 어렵다. 정신이 박약하고 산만하여 대개는 역경 속에서 평생을 보내게 된다. 때로는 실패로 인하여 정신착란에 빠질 운기마저도 없지 않을 뿐더러, 여색을 지나치게 좋아하는 나머지 가정은 불행하며 이러지도 저러지도 못할 전전유랑의 인생으로 떨어질 가능성이 많다.

여성 자신의 혈관 속에 불륜의 피가 흐르고 있는지 어떤지를 반성해 본 적은 없으신지? [43]의 수를 가진 여성은 다분히 그와 같은 불륜의 경향을 띠고 있다. 때문에 이 수의 여성은 특히 불륜 · 색정에 유의하여 반성을 하고 조그마한 실수로 인해 평생을 그르치는 일이 없도록 각별히 주의할 필요가 있다. 이 수는 이혼, 사별의 운기도 있고 유전생활을 면치 못할 암시가 있는 수이기도 하다.

| 44 | 다병다질 · 단명요절 · 허장성세 · 재난중첩
백전백패 · 마귀침범 · 미로방황 · 병난불구 | 파멸운
破滅運 |

남성 성격이 극단적이다. 그래서일까 한마디로 마(魔)가 끼어 매사가 백전백패, 패망으로 돌아가기 쉬운 대흉 암시를 지녔다. 패가망신 · 만사불통 · 돌발급변 · 가족이산 등 고통이 그칠 사이가 없다. 아무리 노력해도 성사를 바라기 어렵다. 또 이 수는 각종 질병으로 고통을 겪기도 하고 단명, 요절할 암시마저 있으니 평생 방황만 일삼다 죽어가는 흉수이다. 그러나 드물게는 위인 · 열사 · 열녀 · 효자 · 대발명가 등을 배출하는 일이 없지도 않다. 그러나 그것은 만에 하나 있을까 한 특별한 예이다.

여성 사소한 부주의로 하여 상대방에게 큰 충격을 주는 암시를 가졌다. 뿐만 아니라 가정이고 클럽이고 할 것 없이 [44]수의 여성이 끼어들면 당장에 분위기가 깨뜨려지고, 풍파가 일게 마련이다. 심지어 연애를 하면 상대방의 성격이 일변하기조차 한다. 그만큼 이 수의 흉 암시가 강하다. 게다가 조난과 질병, 단명의 흉 암시마저 겹쳤으므로 고녹과 비애 속에서 고통을 면하기 어렵다. 가정운도 배우자덕이 없고 재물도 없으니 흉수이다.

| 45 | 이지발달 · 풍류사치 · 학문기예 · 정통세사
순풍거범 · 제사통달 · 명진사해 · 통찰지혜 | **형통운**
亨通運 |

남성 천하를 경륜하는 깊은 지혜와 통찰력 그리고 깊은 덕은 능히 큰 뜻을 이룩하고도 남음이 있다. 세상사를 내다보는 안목 또한 비상하여 순풍에 돛을 단 듯 매사가 순조로워 마침내는 지도적인 높은 지위에 오를 수 있게 된다. 따라서 [45]의 수를 가진 사람은 비록 불운에 처해졌다 하더라도 반드시 만회의 기회가 올 것인즉, 꾹 참고 거친 파도가 가라앉기를 기다리는 자세가 무엇보다도 필요하다. 그리고 일단 행운이 도래했을 때는 이를 붙들고 놓치지 않는 준비가 필요하다. 가정운은 화목하고 부부 백년해로하는 길수이다.

여성 현실주의자다. 인생에는 누구에게나 기회가 있게 마련이다. 그 기회를 용케 붙드느냐 못 붙드느냐에 따라 그 사람의 인생은 이렇게도 저렇게도 좌우된다. 연애 · 결혼 · 출세에 있어서도 같은 말을 할 수 있다. 그런데 [45]의 수를 가진 여성은 기회를 놓치지 않고 정성을 다해 이를 성공시키는 좋은 자질을 지니고 있다. 가정운도 남편복이 좋아 화목하고 풍요롭게 백년해로하는 행복한 길수이다.

| 46 | 질병중첩 · 번민무상 · 부부상별 · 육친무덕
타향방랑 · 만사불성 · 곤궁신고 · 중년요절 | **비애운**
悲哀運 |

남성 소극적이며 의지가 약하다. 유능한 재능을 몸에 지닌 사람이 강가에 나가 소일만 일삼는 격이라 하겠다. 한 마디로 때를 얻기 어려운 운세라고 할까, 흙 속에 묻혀 빛을 못 보는 옥이라 할까. 매사가 뜻과 같지 않아 모처럼 일을 도모해도 번번이 수포로 돌아가기 십상이다. 어두운 밤 빈방에 홀로 누워 비애를 되씹으며 낙루하는 격으로, 어찌된 일인지 무슨 일을 해도 성사가 안 된다. 단, 큰 시련을 겪은 연후에 성공을 거두는 예가 드물게 있기는 하나, 그러한 경우에도 불행은 따르게 마련이니 결코 좋은 수가 못된다. 가정운도 흉하고 게다가 병약, 단명운까지 겹쳤으니 여러 질병으로 계속 번민이 떠날 날이 없다.

여성 신경질이 많다. 그리고 신체가 여간 허약하지 않다. 이상할 정도로 허약하다. 병액은 인생 최대의 불행이다. 중년 이후에, 특히 건강에 주의할 필요가 있다. 잘못하면 요절할 변까지 당할지도 모른다. 아무튼 여성에게는 잔인하다 할 정도로 흉 암시기 강하게 작용하는 흉수이다. 부부상별의 암시도 있다.

47	영명투철 · 의지견고 · 지략출중 · 정치실업 만사형통 · 중복대성 · 권위권좌 · 자손번영	**입신운** 立身運

남성 꿈이 원대하고 의지가 확고하다. 거기에 판단력과 통솔력이 뛰어나다. 성품 또한 영명하고 지략이 출중하여 봄을 만나 백화가 만개하듯 매사가 순조롭다. 재운 또한 강하여 재산이 풍부하고 여경이 자손에까지 미치는 길수이다. 관운, 학문, 명예운 모두 길하여 높은 자리까지 오른다. 이 수는 나아감에도 손해가 없고 물러남에도 손해가 없으므로, 일단 뜻을 세웠으면 목표를 향해 자신을 가지고 나아가 볼만한 길수이다. 좋은 협력자를 만나는 암시도 있다. 특히 정치 또는 실업에 나아가면 성공이 빠르다. 가정운도 자손이 번성하고 화목하니 길수이다.

여성 정격(A+B+C)이 [47]인 여성은 다른 격부에 흉수가 있는 경우라도 별 신경을 쓰지 않아도 좋다. 남편운도 좋고 재운도 좋다. 특히 중년 후부터는 한결 더 좋은 운기를 만나게 된다. 남성에 있어서와 마찬가지로 자손이 번성하고 화목하다. 재물 역시 풍부하다. 여성에게도 길 암시와 좋은 운기를 가져다주는 길수이다.

| 48 | 유덕강건 · 이지발달 · 학문기예 · 유종지미
지모출중 · 공명영달 · 유유자적 · 만인추앙 | **영달운**
榮達運 |

남성 인정이 많고 지모와 재능이 출중하며 유덕하여 만인의 추앙을 받는다. 눈앞의 일에 안달하지 않고 먼 앞날을 내다볼 줄 아는 큰 기재는 능히 타의 고문역이나 상담역을 감당하고도 남음이 있다. 공명영달과 태평을 약속받은 대길운이다. 다시 말하면 이런 사람만이 이 세상에 있다면 이 세상이 얼마나 명랑하고 살기 좋은 세상이 될 것인가 하는 생각이 들 정도로 매사 솔선수범하여 남을 도와준다. 세상을 더럽히는 부도덕한 일은 결코하지 않는다. 때문에 만인의 추앙을 받으며 정치 · 실업과도 인연이 깊은 수리이다. 가정운도 길하여 재복, 자녀복이 나무랄 데 없으며 장수한다.

여성 인정이 많아 남편 이상으로 인망이 높은 여성이 많다. 이것은 남편에게도 고마운 일이고 반가운 일이 아닐 수 없다. 그리고 이 수리의 여성은 그것을 자랑으로 삼는다든가 하는 일도 없다. 그렇더라도 이 여성은 남편 제일주의로 남편에게 내조해야 한다. 이 수의 여성 운은 바로 여기에서부터 열리게 된다. 사회 및 이웃의 신망 또한 두텁다. 여성에게도 행복을 누리는 길수이다.

| 49 | 재지출중 · 운로부정 · 길흉불측 · 일승일패
일희일우 · 극기노력 · 길즉대길 · 흉즉대흉 | **변화운**
變化運 |

남성 성품이 남에게 지기 싫어하고 허세를 부린다. 비상한 재지와 수완으로 능히 자수성가할 운기를 지니고 있기는 하나 길할 때는 연이어 경사가 뒤따르고, 흉할 때는 연이어 실패가 뒤따르는 이른바 길과 흉이 종이 한 장 사이에 이웃하고 있는 운기다. 또 이 수는 전반생을 고생하면 후반생이 안락하고 전반생을 하는 일 없이 허송하면 후반생이 비참해지는 소위 상대적인 운기를 또한 지니고 있다. 길로 화하면 대길로 영달하고, 흉으로 변하면 대흉을 초래하는 길흉 상반의 수이다.

여성 인덕이 없고 고독하다. 자신을 비극의 주인공처럼 생각하고 혼자 눈물에 도취되곤 하는 암시가 있다. 좋은 눈물은 좋은 일을 불러오지만 궂은 눈물은 궂은 일을 불러오게 마련이다. 본인은 결코 변화를 바라는 것도 아니요, 문제의 주인공이 되기를 원하는 것도 아닌데, 어찌된 일인지 자신의 일거수일투족이 항상 말썽이 불씨가 되어 남에게 폐를 끼치는 이상한 운기를 지녔다. 이 점에 유의하여 미리 자신을 살피지 않으면 불행에서 헤어나지 못할 우려가 있다.

| 50 | 부침무상 · 허무허망 · 일성일패 · 흥망불측
공허실의 · 만년불운 · 패가망신 · 여성상부 | **불행운**
不幸運 |

남성 사교성이 부족하고 낭비가 심하다. 시작은 좋으나 끝이 좋지 않다. 일성일패의 운격이라 할까, 한번은 대업을 이루어 부귀영달을 차지하기도 하나 일단 운이 기울기 시작하면 재기하기 어렵다. 게다가 초년보다 특히 말년이 좋지 않은 흉 암시마저 있다. 가정불화 등으로 자칫 잘못하면 패가망신도 면하기 어렵다.

여성 성격이 소극적이고 게을러 마음은 있어도 이를 실행하지 못하는 것이 치명적인 문제다. 그런데 이 수를 가진 여성의 경우, 이 실천력은 우연과 밀접한 관계가 있는 것 같다. 우연은 일견 예상치도 않았던 일이 예상치도 않았던 때에 찾아오는 것으로 아는 사람이 많으나, 사실은 그렇지 않다. 아무리 우연을 바란다 할지라도 차를 타려면 차가 다니는 찻길에까지는 나가 있어야 한다. 그래야만 우연히 지나가는 차를 빌려 탈 수라도 있다. 이 수를 가진 여성은 그와 같은 이치를 알든 모르든 우연을 붙드는 길머리에 나가 서는 것을 귀찮아한다. 그리고서는 항상 실의 속에 잠겨 남을 원망하기만 한다. 가정운도 풍파를 겪는 수이다.

| 51 | 기상강건 · 중도실패 · 일시성공 · 여성과부
극성극쇠 · 분리이산 · 파란변동 · 흥망불측 | **성패운**
成敗運 |

남성 기상이 강건하고 사람됨이 정직하여 시초는 비록 곤궁하더라도 불굴의 노력으로 좋은 운을 개척해 나갈 수 있는 자질은 가지고 있으나, 파란변동이 극심하고 흥망성쇠를 걷잡을 수 없다 보니 안정된 복운을 누리기는 대단히 어렵다. 더욱이 이 수가 중복되면 말년운이 좋지 못하다. 성공과 실패가 종이 한 장 사이를 두고 있는 불안정한 수로서, 부부운 또한 좋지 못하여 풍파를 겪는다. 이 수를 가진 사람은 일성일패의 운기에 굳이 구애받을 필요 없이 불요불굴의 투지로 나아가거나, 자신의 수양에 힘쓰면 작은 안락을 얻을 수도 있다.

여성 비밀주의라고 할 것까지는 없으나 어딘가 항상 분명치 못한 데가 있다. 따라서 이 수를 가진 여성의 주변은 침울한 공기가 항상 감돌고 있게 마련이다. 이러한 점을 남을 위해서보다도 우선 먼저 자신을 위해 일찌감치 고쳐 두는 것이 좋을 것이다. 궁상이 흐른다고 할까, 암시가 겹치고 겹쳐 특히 말년에는 흉한 운기가 더 크게 작용한다. 결혼생활도 과부수의 암시가 있는 고독한 수이다.

| 52 | 이지발달 · 학문기술 · 기지기략 · 대업수행
자수성가 · 비룡승천 · 탁견탁식 · 선견지명 | **공명운**
功名運 |

남성 적극적이고 노력하니 무슨 일을 도모해도 성공도가 높은 길수이다. 무에서 유를 창조하는 특성이 강하고, 대세를 파악하는 안목과 통찰력이 깊어 한번 시기를 잡으면 비룡이 승천하는 격으로 대성의 길을 치닫게 된다. 뜻을 일으켜 대업을 성취, 자손 대대로 이름을 전하는 대길수로, 특히 대학자 · 대정치가가 많이 배출되는 수이다. 그리고 이 수를 가진 사람은 좋게 말하면 기지, 나쁘게 말하면 사람을 속이는 잔꾀로 보일 만큼이나 기략에 뛰어난 재능을 가지고 있다. 도와주는 사람이 많고 매사 순조로워 성공이 빠른 대길운이다. 가정도 화목하고 장수한다.

여성 기지가 풍부하여 조그마한 일, 큰일 할 것 없이 척척 처리해 나간다. 원래 기지는 잔꾀와 종이 한 장 사이를 두고 이웃하고 있는 법이나, 이 여성의 기지 또한 선의로 통하게 마련일 뿐만 아니라 이 기지로 하여 성공을 거두는 예가 적지 않다. 남성에 있어서와 마찬가지로 애인을 공략할 때도 이 기지가 크게 공을 세울 것이다. 또 선견지명이 있어 앞길을 내다보기도 잘한다. 길수이다.

| 53 | 외화내빈 · 진행장애 · 비애낙심 · 허장허세
진퇴부정 · 재화중첩 · 가산탕진 · 근근평운 | 장해운
障害運 |

남성 겉보기는 화려하나 속에 항상 빈곤을 내포하고 있는 흉수로, 장애와 재액 또는 굴곡을 헤아리기 어렵다. 또 전반생이 길하면 후반생이 흉하고 전반생이 흉하면 후반생이 길한 것이 또한 이 수의 특성이다. 그러나 한번 흉운이 침범하기 시작했다 하면 만 가지 재액을 막기 어렵다. 다행히 다른 격부에 길수가 있어 보조를 받을 수 있으면 가까스로 평운 정도는 유지할 수 있다. 아무튼 물려받은 재산이 있어도 탕진하는 암시가 있는 흉수이다.

여성 허영심이 많고 매사에 허장성세를 일삼는 암시가 있다. 인간인 이상 때로는 생긴 그대로를 남의 앞에 내어 놓기 어려울 때도 있을 것이다. 그러나 임시는 효과가 있을지 모르나, 이내 그것이 사실이 아닌 거짓이라는 것이 탄로되고 만다. 그리고 그것이 불행을 불어오는 사단이 되기도 한다. 신용제일주의로 인생을 살아 나가는 수양이 무엇보다도 필요할 것 같다. 또 이 여성은 한곳에 정착을 못하고 떠돌이 생활을 하는 경향이 있다. 다른 격부에 길수가 있을 때는 평운은 유지할 수 있다.

| 54 | 만사불성 · 대흉대패 · 우울번민 · 고독이별
패가망신 · 불구폐질 · 횡사단명 · 고집불통 | **패망운**
敗亡運 |

남성 고집이 지나치게 강하니 그로 인해 파멸하는 수가 있다. 때로 불퇴전의 노력은 전반생의 성공도 능히 획득할 수도 있으나, 이는 극히 드문 예로 대개는 재난의 연속으로 일이 순탄치 않아 곧 실패하고 만다. 그리고 실패가 거듭되면서 질병으로 고통 받고 끝내는 패가망신 등의 흉운을 계속 만나게 되는 수이다. 심지어 건강에도 문제가 발생해 불구폐질 · 횡사단명의 흉 암시까지 있다. 비록 이 수가 전반생이 행복했다 할지라도 거듭되는 흉운으로 말년은 백에 백 역경을 면하기가 어렵다.

여성 이 여성은 참을성이 없고 허영심에 고집도 강하다. 그래서일까 흉 암시를 한 몸에 짊어지고 있다고 해도 과언이 아니다. 그만큼 이 수의 여성에게는 나쁜 암시로 가득 차 있다. 어릴 때는 부모를 잃기 쉽고 결혼해서는 남편과 이혼, 사별하는 암시도 강하다. 절망과 고난이 계속되니 심신이 고독하다. 건강도 문제가 있어 불구폐질, 횡사단명의 흉 암시까지 있다. 이 수의 성명을 가지고 풍파를 겪으며 평생을 고통과 번민 속에서 살아가기는 어렵다. 개명을 권한다.

| 55 | 외화내빈 · 재해속출 · 가정불안 · 극왕극쇠
표리부동 · 신고액난 · 길흉상반 · 우울번민 | 반전운
反轉運 |

남성 길운으로 유도되면 하늘의 용이 되고 흉으로 유도되면 지하의 지렁이가 되는, 극왕극쇠의 운기를 지닌 수이다. 외견이 설령 행복해 보이는 경우일지라도 내부에는 남모를 재난과 불안이 도사리고 있는 수가 많다. 항상 정신상태가 불안정하며, 일을 도모할 줄은 알아도 이를 밀고 나가는 실천력과 용기가 부족하다. 게다가 재액수 또한 강하여 온갖 재난이 침범할 흉 암시마저 있다. 그렇더라도 초년의 고난을 이기고 일로 매진하면 중년 이후에 대성을 바랄 수 없는 것도 아니다. 의지를 강하게 하는 것만이 재능을 살리는 길임을 잊어서는 안 된다.

여성 예를 들어 도박에 한번 돈을 걸어 본다고 하자. 한두 번은 반드시 큰 이익을 보게 될 것이다. 그런데 그 한두 번에 재미를 붙이고 같은 일을 계속하다가는 빈털터리가 되기 십상일 것이다. 또 남의 애인을 가로채 결혼으로 골인할 수 있었다고 하자. 그러나 뺏은 것은 결국 빼앗기고 만다는 것 또한 움직일 수 없는 진리요, 철칙이다. 이 점을 이 수를 가진 여성은 기억해 둘 필요가 있다.

56	의지박약 · 인내결핍 · 실패중복 · 노고무득 용기결여 · 수난신고 · 평생비운 · 불구폐질	한탄운 恨嘆運

남성 말만 앞세우고 실행하지 않으며 용기도 없고 인내심도 없다. 재질과 덕망을 지니고 있기는 하나, 의지가 약하여 입신을 기하기 어려울 뿐더러, 설령 노력을 아끼지 않는다 하더라도 거두어들일 소득이 너무나도 빈약한 이른바 노력을 하나마나한 운기이다. 일생동안 풍파가 많고 질병으로 고난을 겪다가 말년에는 재기불능이다. 가정운도 순조롭지가 않다.

여성 허영심이 많고 어째서 그런지 알 수 없을 정도로 용기와 실천력이 없다. 실천력이 없다는 것은 이러지도 저러지도 결정을 짓지 못한 채 머뭇머뭇하다가 밤낮 주저앉아 버린다는 말과 같다. 만약 사랑하는 애인이 몇 시 열차로 여행에서 돌아온다는 것을 알면 누구나 만사를 제쳐놓고 시간에 대어 달려갈 것이다. 그러나 이 수의 여성은 망설이다 만다. 그래서 사랑마저 놓치고 한탄하는 사람이다. 좋은 일도 나쁜 일로 변하니 평생을 비애 속에 살 암시가 있다. 그래서 결혼운도 풍파가 많으며 질병으로 고난과 고독한 생활을 피하기 어려운 수이다.

| 57 | 흥전위길 · 비약발달 · 대난극복 · 일로매진
출세영달 · 만사형통 · 부귀겸전 · 장수다경 | **왕성운**
旺盛運 |

남성 총명하고 끈기가 있다. 초년의 부를 모두 잃어도 재기한다. 죽어가던 나무가 봄을 만나 소생하는 격이라 할까, 흉조에서 길조로 점차 전환하는 기운을 뜻하는 길수이다. 그러나 생애에 한번은 큰 재난을 만나 위기를 겪게 된다. 그런데 이 수는 그 같은 위기를 겪은 연후에야 비로소 만사가 뜻과 같이 돌아가 마침내 재력과 권세를 아울러 지녀 크게 발달하게 된다. 다시 말하면 인생에는 으레 기복이 있게 마련인즉, 역경을 역경으로 알지 않고 용기백배 이를 극복함으로써 비로소 영달과 복록을 거두어들일 수 있는, 말하자면 그러한 수이다. 가정운도 좋고 장수한다.

여성 인정이 많고 대인관계가 원만하다. 세상사에는 자신의 힘만으로는 어떻게도 해볼 수가 없는 일들이 너무나도 많다. 피하려도 피할 방법이 없는 재난이 너무나도 많다. 그때 얼마만큼 남의 도움을 받을 수 있느냐, 얼마만큼 적은 피해로 재난을 막아 낼 수 있느냐가 문제다. 이 수를 가진 여성은 남의 도움도 받고 재난도 막아낼 수 있는 운기를 지니고 있다. 부귀를 누리고 경사가 많은 수이다.

| 58 | 화복무상 · 부침격심 · 초년곤고 · 점진발달
고진감래 · 만년대성 · 선흉후길 · 초패후복 | **후복운**
後福運 |

남성 성패의 부침과 파란이 극심한 운기이다. 그리고 길흉의 예측 또한 힘들다. 그러나 꾸준한 인내와 노력은 이를 극복하고 남음이 있어, 풍랑이 사나우면 사나울수록 이를 극복한 연후에 오는 성공은 한결 더 클 것이다. 이 수를 성명에 가진 사람은 초년운보다 말년운이 좋게 마련이다. 물론 이는 불굴의 노력과 인내가 따랐을 때의 이야기이다. 이 수를 가진 사람 가운데는 패가망신한 연후에 분발재기, 가정을 다시 일으켰다는 사람이 많다. 말년에 부귀영화를 누리는 수이다.

여성 초년에는 어려움이 있고 길흉이 상반한 수이긴 하다. 그러나 크게 신경을 쓸 것까지는 조금도 없다. 인간살이를 해 나가다 보면 누구에게나 기복 · 부침이 있게 마련이다. 특히 여성은 배우자를 잘 만나고 못 만남에 따라 운명이 달라지게 마련이니, 이 수의 여성은 신경이 느긋하고 도량이 넓은 남성을 선택하여 만사를 남편에게 맡기는 것이 좋겠다. 그리하면 해를 거듭할수록 다복해져 영화를 누리는 수이다.

| 59 | 불행중복 · 두뇌우둔 · 용기부족 · 인내부족
가산망실 · 재난중첩 · 실의비애 · 고혈단신 | 재난운
災難運 |

남성 의심이 많고 소극적이다. 용기도 없고 인내력도 없다. 게다가 두뇌까지 우둔하다. 따라서 조금만 장애에 부딪쳐도 실의에 빠져 재기불능의 늪에 빠지게 된다. 운성이 이미 이와 같다 보니 역경이 잇달을 것은 말할 필요도 없다. 끊일 새 없는 불행 속에서 일생을 마치게 되는 흉수이다. 인내력을 함양하고 목적을 향해 매진하는 의기를 수양을 통해 자기 것으로 만들 수만 있다면 그 같은 흉 암시를 어느 정도는 막을 수 있다. 고독한 수이다.

여성 여성으로서의 매력은 어느 특정된 여성만이 지니고 있는 것은 아니다. 여성이라면 누구나 나름의 매력을 지니고 있다. 따라서 나 자신만이 매력 있는 여성이라고 생각하는 것은 잘못이다. 그런데 세상에는 그 반대의 여성도 적지 않다. 나만이 매력 없고 능력 없는 여성이라고 생각하는 사람이다. 이 수를 성명에 가진 여성은 대개 후자의 잘못을 범하기 쉽다. 따라서 이 수의 여성은 비애 · 자멸감을 버리고 크게 분발할 필요가 있다. 그렇게 하면 운이 저절로 찾아들게 마련이다. 자주 실의에 빠지는 수이다.

| 60 | 무모실패 · 형액조난 · 단명요절 · 불안요동
진퇴양난 · 실패곤고 · 무의무탁 · 좌불안석 | **실패운**
失敗運 |

남성 매사에 무모하고 자기중심이 서 있지 않으므로 계속 실패와 방황을 거듭하는 흉 암시가 있다. 항상 불안정 속에서 허덕거리는 모습이 일엽편주가 큰 대해 속에 표류하는 형국과 조금도 다를 바 없으니, 성공을 바라기 어려울 것은 두말 할 나위가 없다. 도와주는 사람 또한 없는 무의무탁한 운세로서 결국은 곤고 · 병약 · 단명 등의 비운을 면치 못한 가운데 평생을 마치게 된다. 이 수를 가지면 되는 일이 하나 없고 실패만 거듭한다.

여성 남도 내 마음 같다고 믿다가는 큰 재화를 입게 된다. 이 수를 가진 여성은 한마디로 정신적 방비가 너무나도 허술하다. 마치 세 살짜리 어린애가 차가 다니는 대로 한복판에 나가서 노는 것과 같은 격이다. 이 무방비 상태만 시정하면 달리 신경을 쓸 일은 없다. 운기는 대단히 강한 편이다. 무방비 상태이면서도 별 화난을 당하지 않았던 것은 강한 운기 덕분이라 해도 좋을 것이다. 그러나 그렇게 하기 어려운 것이 또한 이 수가 지닌 운기이니 결국 질병으로 고통을 겪거나 단명할 암시를 가진 수이다.

| 61 | 지모출중 · 영예영달 · 명재겸득 · 외화내빈
부귀번영 · 재물풍부 · 내외불화 · 자존불손 | 갱생운
更生運 |

남성 성품이 이기적이다. 재능도 있고 역량도 있어 명예와 영달을 두루 누릴 수도 있다. 이와 같이 천부의 행복을 지녀 평생을 호운 속에 보낼 수 있기는 하나, 다만 지나친 자존심과 불손함을 내포하고 있는 것이 결점이다. 만약 이 자존 · 불손이 밖으로 노출될 때는 사교성의 결여로 비난의 대상이 되기 쉽고, 가족 간의 반목과 불화를 면치 못하는 등 모처럼의 호운이 무로 돌아가는 수가 있으므로 항상 인화에 힘쓸 필요가 있다. 이 점만 시정한다면 부귀번영도 가능한 일이다. 한마디로 겸손 · 겸양이 부족한 수이다.

여성 지모가 출중하여 이모저모로 매력적인 면을 남보다 몇 배 지니고 있는 여성이라 하겠다. 그러나 그것이 너무 지나치게 밖으로 노출될 때는 오만하다는 비방을 받게 된다. 어떤 경우를 막론하고 오만한 사람은 경원을 당하게 마련이다. 그러나 뜻하지 않은 후원자가 나타나기도 하고, 뜻하지 않은 재물이 들어오기도 하여 하루하루의 인생이 오직 즐겁기만 하다. 이 수의 여성은 재물운도 있으니 독립하여 사업을 해도 좋은 수이다.

| 62 | 쇠퇴부진 · 간난신고 · 호색호주 · 웅지중절
병약재액 · 용기쇠진 · 가정불화 · 고혈단신 | **불화운**
不和運 |

남성 의지가 약하여 용기도 쇠진하고 매사의 운기가 쇠퇴하는 운으로 접어듦을 뜻하는 흉수이다. 가정이 불화하고, 사회적 신용 또한 부족하여 뜻을 이루기 어려울 뿐만 아니라, 불시의 재액으로 일가일신의 운세가 점차 비운으로 기울어져, 마침내는 비참한 역경 속에서 하늘을 원망하게 된다. 그렇더라도 음덕을 쌓으면 평복 정도는 유지할 수 있다. 따라서 남을 위하여 봉사하는 직업에 종사하는 경우는 원래가 권세를 바라는 것도 아니요, 돈을 벌자는 것도 아니므로, 이 수가 지니고 있는 흉 암시를 다소 피할 수도 있겠다.

여성 이 수의 여성은 히스테리가 심해 아무 일도 아닌 것을 가지고 가정에 불화를 불러일으킬 우려가 있다. 예를 들면 취미라 할지라도 너무 자주 장신구를 바꾸는 경향이 있다. 남편이 사다 주는 것은 자신이 산 것보다도 더 큰 의미가 있을지도 모른다. 그것이 설령 마음에 들지 않는 것이라 할지라도 말이다. 인내와 감사하는 마음, 이런 점을 실천하지 않으면 불화와 고난 등의 흉 암시를 피할 수 없는 수이다.

| 63 | 이지발달 · 학문기술 · 자유발전 · 재록진진
만사여의 · 자손여경 · 부귀영화 · 장수다복 | **부귀운**
富貴運 |

남성 인덕이 있고 매사에 적극적이라 만사가 뜻과 같이 잘 풀린다. 만물이 단비를 만나 무럭무럭 자라나는 격과 같은 강한 운기다. 더욱이 재액을 만나는 암시가 전혀 보이지 않는 것은 아니지만, 신경을 쓸 것까지는 없을 것 같다. 자신도 모르는 사이에 대성의 영예를 차지할 수 있는 대길수이다. 재복이 좋으니 사업을 하면 크게 성공할 길 암시를 가지고 있을 뿐만 아니라, 가정운도 화목하고 자손에게까지 여경이 돌아간다. 또 장수하니 부귀영화의 길수이다.

여성 사교적이며 예술적 감각이 뛰어나다. 슬하에 자녀를 많이 두는 경향이 있다. 그리고 그 많은 자녀들이 모두 똑똑하고 착하니 자녀교육이나, 자녀의 장래를 두고서는 조금도 걱정할 필요가 없다. 이 수의 여성은 자손에게까지 길운이 전해지니 다복한 여성이다. 어머니로서도 나무랄 데 없을 뿐더러 결혼운 역시 좋다. 남편도 여간 이해가 깊지 않다. 이 수를 가진 여성은 장수하며 다복하니 대단히 좋은 길수이다. 성명의 한자 획수가 많다고 개의할 일이 아니다.

| 64 | 골육분리 · 수난역경 · 운기쇠퇴 · 재난중복
무모계획 · 부침파란 · 가정불안 · 병난단명 | **역경운**
逆境運 |

남성 음울 · 파괴를 뜻하는 수이다. 다방면에 아는 것이 많아 벌리기는 잘하는데 무모한 계획이 화가 되어 결국은 실패의 비애를 면하기 어렵다. 용의주도한 계획성으로 막을 수 없는 것도 아니나, 운이 일단 기울기 시작하면 재난이 중복되니 감당하기 어려운 고독과 비애 속에서 허덕이게 된다. 뿐만 아니라 파란과 조난의 흉 암시가 있다. 특히 가정운도 극히 좋지 않아 가족이 흩어지고 질병으로 단명하는 흉액을 겪게 되기도 한다. 아무튼 수난과 역경이 계속되는 흉수이다. 만약 형격(A+B)이 좋으면 길운으로 역전하는 수가 있다.

여성 이 수의 여성은 머리의 회전은 빠르나 인덕이 없다. 부모운 · 자매운 · 자녀운마저 모두 좋지 않다. 대체로 만나기만 하면 으르렁대고 싸우기만 할 테니 참으로 딱한 노릇이다. 양친과의 관계에 있어서도 같은 말을 할 수가 있다. 이 수가 수난 · 역경의 운기를 지니고 있는 때문인지도 모른다. 가정운도 좋지 않아 남편복도 없고 질병으로 고생하시나 단명할 임시가 강한 흉수이다.

| 65 | 공명정대 · 만사여의 · 중인지도 · 금옥만당
중인앙시 · 가정융창 · 장수번영 · 자손융성 | 흥가운
興家運 |

남성 공명정대하고 덕망이 있으니 만사가 뜻과 같이 이루어진다. 태양이 중천에 떠 있는 격이다. 가정에 금과 옥이 가득하고 사회적으로도 중심적인 지위에 올라 뭇사람들의 존경을 받는다. 부귀영화를 한 몸에 지녀 자신의 일생이 편안하기도 하지만 특히 그 여경이 자손에게까지 미치는 대길운이다. 그리고 결혼운도 길하니 부인의 내조 또한 결코 적은 것이 아니다. 아무튼 웅지를 품고 목적 달성을 위해 마음 놓고 매진해 볼만한 운기를 지닌 길수이다. 어떤 분야로 나아가도 성공하고 부귀 장수하는 길수이다.

여성 성격이 원만하고 덕망이 있다. 일생을 살아가는 데 이렇다 할 장애가 없다. 결혼 후에는 재물이 풍부하고 배우자와 백년해로하며 자녀들도 번창하며 효순하다. 중년부터는 생활도 넉넉해진다. 중년 이후에 약간의 파란이 없지도 않으나, 큰 파탄을 가져오지는 않는다. 만사가 호전하는 좋은 암시를 지녔기 때문이다. 또한 이 수의 여성은 장수한다. 한자의 획수는 많으나 여성에게 대 길수이다.

| 66 | 다욕실복 · 전도암담 · 진퇴양난 · 간난신고
패가망신 · 배신손해 · 불평불만 · 재액중첩 | **패가운**
敗家運 |

남성 지나치게 욕심이 많고 고집이 세며 충돌이 잦다. 그래서 앞에는 산이 가로막고 있고 뒤에는 물이 가로막고 있어 나아가지도 물러서지도 못하는 진퇴양난의 궁지에 항상 몸을 두고 있는 격이다. 게다가 선후배에게 배신당하여 손해를 보는 흉 암시가 있다. 또 부부간에 불평불만이 끊일 사이 없다. 심야에 부부가 핏대를 올리고 다투는 등 자신과 가정을 패망으로 이끄는 재액이 연이어 찾아드는 예가 적지 않다. 뿐만 아니라, 이 수를 성명에 가지면 되는 일이 하나 없다. 어찌된 일인지 하는 일마다 실패로 돌아간다. 그것은 한마디로 과욕을 억제하지 못한 데서 시작된 일임을 유의할 일이다.

여성 이 여성은 인정이 없고 변덕스러우며 고집이 세다. 그래서 인덕이 없어 무슨 일을 도모해도 뜻과 같지 못하다. 그렇다고 짜증을 낸다거나 성급하게 덤비면 도리어 좋지 않은 결과만 조성하게 된다. 그러니 이러지도 저러지도 못하는 진퇴양난, 자포자기에 잘 빠지는 것도 이 수를 가진 여성의 특징으로 보아 무방할 것 같다. 말년에는 질병으로 고통을 받는 수이다.

| 67 | 이지발달 · 학문기술 · 인내노력 · 천혜통달
강유겸전 · 재난돌파 · 가세번창 · 부귀영화 | **통달운**
通達運 |

남성 인내하고 노력하니 악몽의 긴 밤이 지나고 희망의 새아침을 맞이하는 듯하다. 하늘이 내린 길운을 지녀 높은 지위에 올라 신망도 두터울 뿐만 아니라 가세번창 · 부귀영화를 누리게 되는 대길수이다. 강함과 온화함을 동시에 지녔고 바른 길을 향해 일로 매진하니 어려움이 있어도 능히 이를 돌파하고 반드시 대성을 약속 받을 수 있을 것이다. 이 수는 자수성가의 운기가 강하다. 학문 · 기술 · 사업 등 어느 쪽이든 목적을 달성하겠다. 그러나 이 수는 과욕이나 모험을 삼가야 하는 수이므로, 되도록 모험은 아니 하는 것이 좋겠다. 그 같은 점만 유의한다면 이렇다 할 실패는 없겠다. 부귀영화를 누릴 수 있는 길수이다.

여성 이 여성은 총명 · 온유한 성품에 낙천적이다. 그래서일까, 화창한 봄날에 백화만발한 화원을 거니는 격이다. 지혜 또한 남다르고 성실하고 근면하니 실패 없이 모든 일이 순조롭다. 이 수의 여성은 훌륭한 남편을 만나 부귀영화를 누리는 다복한 좋은 운기이다. 자녀운도 좋고 재운 또한 나무랄 데 없는 길수이다.

| 68 | 이지발달 · 학문기술 · 백절불굴 · 쾌활관용
지조견고 · 점진성공 · 발명재능 · 명리겸비 | **발명운**
發明運 |

남성 지혜가 있고 백절불굴의 의지를 지녔다. 또한 차근차근 성공 가도를 다져 나아가는 대길수로, 특히 발명과 창조에 뛰어난 재능을 보여준다. 따라서 이 수를 가진 사람은 아이디어맨으로 나아가면 큰 성공을 약속받을 수 있다. 가정에 있어서도 연애에 있어서도 창의적인 노력을 통해서라야만 영광을 차지할 수 있다는 것을 명심할 필요가 있다. 학문 · 예술에서도 대성한다. 가정운도 화목하고 장수하는 길수이다.

여성 이 수의 여성은 일편단심, 즉 지조가 있는 여성이다. 자신의 남편을 세상에 둘도 없는 남편으로 생각하고 있는 여성이 있다고 하면, 그 여성을 행복한 여성으로 보아야 할 것인지 부족한 여성으로 보아야 할 것인지는 저마다 사람에 따라 다를 것이다. 평범한 남편을 어째서 세상에 둘도 없는 남편으로 생각할 수 있느냐고 반문하는 여성도 있을 것이다. 그런데 행복은 평범한 남편이라 할지라도 세상 최고의 남편으로 알고 존중하는 여성 쪽으로 찾아들게 마련이다. 장수하는 길수이다.

| 69 | 좌불안석 · 병약폐질 · 전도암담 · 심신불안
조난급화 · 비운단명 · 빈곤고통 · 무의무탁 | **빈곤운**
貧困運 |

남성 매사를 안절부절 못하는 성격이다. 이 수는 그렇게 병약하고 무기력한 운기를 지녔다. 따라서 불안과 동요가 그칠 새 없고 항상 사선을 방황하는 흉 암시를 면하기 어렵다. 그런 심신불안이 현실로 나타나는 비운을 가지고 있으니 결혼하면 이혼, 사별을 하게 된다. 자식을 낳으면 자식을 잃게 된다. 그리고 자신도 여러 질병으로 고통을 받으니 고독하다. 수명도 풍파를 겪다가 젊은 나이에 요절하는 암시가 있다. 흉수이다.

여성 어째서 남의 미움만 사게 되는 것인지 알 수 없다. 이 수의 여성은 변덕이 심하고 질투심이 많다. 게다가 고집까지 세니 온갖 장애가 따르고 관재, 구설이 계속된다. 무엇 하나 제대로 이루어지는 일이 없다. 그래서 정신적으로 불안한 나머지 앞날이 암담하게 느껴진다. 혹시 어릴 때 부모의 유산을 받았다 할지라도 모두 날려버리게 된다. 또 이 수의 여성은 결혼 후 남편을 여의거나 이혼하게 된다. 자식을 낳으면 자식을 잃게 된다. 자신도 병약하고 단명할 운기를 가진 수이다.

| 70 | 용두사미 · 공허적막 · 일생참담 · 가운쇠퇴
횡액단명 · 만사비색 · 무용폐인 · 고혈단신 | **쇠퇴운**
衰退運 |

남성 인덕이 없고 모든 일이 결과가 좋지 않으니 근심과 수심이 끊일 새 없다. 손을 한번 움직이면 팔이 부러지고 다리를 한번 내던지면 다리가 부러지는 격이라 할까. 평생을 줄곧 공허 속에서 보내는 흉 암시를 지녔으니 일생이 참담하다. 또 가운이 쇠퇴하고 만사가 뜻과 같지 않으니 고독하다. 거기에 우수 · 형액 · 단명 등의 흉 암시를 또한 면하기 어려워 결국은 폐인과 다를 바 없는 처지에 빠지게 되고 만다.

여성 이 여성은 덕이 없으니 행운과는 인연이 멀다. 남에게 상처를 주어 가면서까지 행복해지기를 바란다는 것은 마땅히 비난을 받아야 할 줄로 안다. 그런데 이 수의 여성은 그 같은 비난을 받은 일을 얼굴빛 하나 변하지 않고 예사로 해낸다. 귀여운 얼굴을 하고 있는 어린이를 보면 엉덩이를 꼬집어서라도 울려 놓아야만 직성이 풀리는 고약한 심사, 그 고약한 심사를 도저히 이해할 수 없다. 가정운도 흉해 화목하지 못하고 근심과 질병으로 세월을 보내는 수이다.

| 71 | 길흉상반 · 평복안태 · 노다공소 · 실행부족
인내부족 · 사고부족 · 가내불안 · 우유부단 | **평범운**
平凡運 |

남성 부귀와 권세를 약속받을 수 있는 견실한 발달운을 지니고 있으나 역부족이다. 매사가 무기력하고 사고력 · 실천력 부족으로 모처럼 손에 들어온 행운도 이를 놓쳐버리는 수가 많다. 따라서 이 수를 가졌을 때는 진취의 기상을 함양하여 목적을 향해 일로 매진하는 분발심이 필요하다. 길수이기는 하나 힘이 따르지 않을 때는 모처럼의 길 암시가 소멸되는 경향이 있기 때문이다. 이 점을 특히 기억해 둘 필요가 있다. 그래도 좌절하지 않고 부단히 노력하면 평범한 성공은 이룰 수 있는 수이다.

여성 한번은 큰 재운을 만나게 된다. 이름도 드날리게 된다. 그렇다고 그것으로 아주 행복을 차지할 수 있는 것이라고 생각한다면 잘못이다. 어찌된 일인지 모르나 이 수를 가진 여성은 돈 부자가 되면 될수록 반대로 걱정할 일이 더 늘어만 가는 암시가 있다. 피를 나눈 자매 · 형제 때문에 속을 썩여야 하는 흉 암시가 또한 보인다. 베풀어도 공이 없는 것은 이 수가 가지는 허명의 운기 때문이지만 그래도 계속 덕을 쌓으면 말년에는 보통사람으로 살아갈 수도 있는 수이다.

| 72 | 외관화려 · 내면불안 · 좌불안석 · 길흉상반
전반행복 · 후반비운 · 말년파산 · 만사무상 | **상반운**
相半運 |

남성 검은 구름이 밝은 달을 가리고 있는 격이다. 겉은 행복해 보이나 내면에는 흉화가 도사리고 있어, 비록 전반생이 무사 안태하다 하더라도 후반생은 비색하기 그지없어 파산과 이산 등의 불행 속에서 말년을 보내게 된다. 이 수는 길흉이 상반된 수이다. 예전에는 말년의 불운을 두려워하여 중이 되었다는 예가 많았다. 이 수도 말년을 더 걱정해야 하는 수이다. 인간은 외면보다도 내면이 중요하다. 작은 것에 만족하고 노력하다 보면 흉운이 비켜가고 길운을 만날 수도 있으니 이 점을 유의해야 하는 수이다.

여성 이 수의 여성은 지혜도 덕도 없으니 기구한 운명으로 불안하게 살아간다. 과복(過福)이란 말이 있다. 한번 사치에 젖어 놓으면 이를 고치기 여간 어렵지 않다. 한마디로 말해서 과거에 잘살던 시대를 회상하면서 평생 눈물로 지새우는 운기라 하겠다. 하루 빨리 이 점을 고치면 흉이 길로 바뀔 수도 있건만 이 여성은 그게 쉽지가 않다. 가정운도 흉 암시가 있으니 화목하지 못하고 이혼, 사별하는 수이다.

| 73 | 이상고매 · 성쇠상반 · 웅지무위 · 대사난성
초년신고 · 실천부족 · 성공지연 · 무난평복 | **평복운**
平福運 |

남성 길흉이 상반된 수로 비록 큰 뜻을 품고 있기는 하나 실천력 부족으로 큰 성공을 거두기 어렵다. [72]의 수와는 반대로 초반에는 힘이 약하여 고생이 많더라도 후반에 들어서면서 점차 운기가 트여, 말년은 비교적 안락한 생활을 보낼 수 있다. 이상은 높을수록 좋다. 그러나 그것은 실천력이 따를 때의 이야기이다. 천하의 미녀라도 결혼할 자격을 갖추고 있지 않으면 그림의 떡에 지나지 않는다. 이 수를 가진 사람은 성공하려면 첫째도 실천, 둘째도 실천, 셋째도 실천, 오직 실천력을 배양할 필요가 있다. 가정운은 원만하다.

여성 이 여성은 항상 높은 곳만 쳐다보고 사는 형이다. 그런데 그것이 불운을 불러오는 원인이 되고 있다고 하면, 싫든 좋든 눈을 아래로 돌리는 도리밖에 없을 것이다. 배우자의 선택에 있어서도 적당한 선에서 그치는 것이 바람직하다. 욕심만 있을 뿐, 그것을 내것으로 만들 능력을 가지지 못했다. 큰 이상보다는 분수를 지키며 노력해야 가정이 태평한 수이다.

| 74 | 불우파탄 · 미로방황 · 출세불능 · 무력무능
무재무지 · 무위도식 · 신고역경 · 무의무탁 | **불우운**
不遇運 |

남성 융통성이 없는데다 무력하고 무능하여 아무 일도 이룩해 내지 못하는 수이다. 한마디로 폐인이나 다를 바 없다. 대체적으로 성명학에 있어서는 획수가 많은 수를 환영하지 않는다. 굳이 난해한 획수의 글자를 사용하여 상대방에게 불쾌감을 줄 필요는 없을 것이다. 이 수도 그와 같은 예에서 벗어날 수 없는 흉수이다. 이 수를 가진 사람은 어디에 가든 미움을 받게 마련이다. 재주가 없어서가 아니다. 미움부터 앞서고 보니 자연 무능한 인물로 보일 수밖에 없다. 그리고 가정불화가 그칠 날이 없다. 고난의 연속인 이 수는 개명하여 새로운 운명을 개척하는 것이 좋겠다.

여성 이 수의 여성은 행복을 기대할 수 없는 불운한 여성이다. 온갖 흉 암시가 감싸고 있으니 되는 일이 도무지 없다. 왜 그런지도 알 수가 없는 미로를 방황하다 끝내는 불우, 파탄을 겪는다. 이대로 있으면 평생 불운에서 벗어나지 못한다. 가정운도 극히 흉하니 하루 빨리 개명하여 개운하는 것이 바람직하다.

| 75 | 수분평화 · 진취자중 · 명리겸전 · 역량부족
재액실패 · 번민우고 · 모험대패 · 만족제일 | **보통운**
普通運 |

남성 전진을 하나 후퇴를 하나 매사가 여의치 않다. 그러나 원래가 명리를 겸전한 부귀영화의 좋은 운기를 지니고 있음으로써 용의주도한 계획을 세운 연후에 일로 매진하면 어느 정도는 안정된 생활을 얻을 수 있다. 단 때가 이르지 않을 때 도가 지나치게 모험하거나 나아가면 재액 · 실패를 만날 우려가 있으므로 자중할 필요가 있다. 보통 사람의 운으로 분수를 지키지 않고 순리를 따르지 않으면 흉액이 침범한다. 그리고 앞에서도 말했지만 아무리 좋은 조건에 놓여 있다 하더라도 끈기와 노력으로 나갈 필요가 있다. 이 점만 주의하면 자신을 가져도 좋은 수이다.

여성 이 수의 여성은 적당한 선에서 행복을 찾는 태도만 가지면 운기가 호전하여 처음 목표했던 것보다 더 큰 행복을 누리게 된다. 그리고 드물게 도벽을 가지게 되는 암시가 있으므로 이 점 자성할 필요가 있다. 보통의 운으로 분수를 지키지 않고 모험하면 대패하기 마련이다. 작은 것에도 감사하고 만족할 줄 알아야 가정이 평화로운 수이다.

| 76 | 혈육이산 · 병약신고 · 가산파산 · 단명요절
중도좌절 · 가정불길 · 선고후성 · 점진평복 | **후성운**
後盛運 |

남성 무슨 일을 하거나 고생이 많고 중도에서 좌절 실패하기 쉬운 흉운을 지녔다. 또 형액 · 상해 · 이별의 암시가 작용하고 있으므로, 애써 대륙적인 의지력을 함양할 필요가 있다. 강한 의지력을 발휘하면 점차로 호운을 만나 평복 정도는 쉽게 누릴 수 있을 것이다. 그러나 처음은 많은 고생을 겪어야 한다. 고진감래, 고생 끝에 낙이 온다는 말이 있으니 이 수가 바로 그와 같은 운기를 지녔다. 따라서 이 수를 가진 사람은 고생을 고생으로 알지 않고 목표를 향해 매진할 필요가 있다. 또 이 수는 한번 불운에 빠지더라도 자포자기하여서는 안 되겠다. 또 이 수는 병약한 운을 가지고 있고 가정운 또한 불길하니 이 점을 항상 유념해야 한다.

여성 병난 · 재난이 침범할 기회를 노리고 있다. 건강에 주의하고 인격 수양에 노력하지 않으면 나중에 반드시 후회하게 될 것이다. 가정운 또한 불길해 풍파를 겪게 되고 파산할 수도 있으니 이 수의 여성 또한 남성에 있어서와 같은 강한 의지력이 필요하다. 인내로 고생을 참고 견디어 내면 말년에는 안정을 찾을 수도 있는 수이다.

| 77 | 개화무실 · 대사난성 · 희비쌍곡 · 길흉상반
전비후회 · 전희후비 · 길흉불측 · 말년비참 | **상반운**
相半運 |

남성 길흉이 상반하여 행복과 불행을 함께 지녔다. 좋은 일 속에 궂은 일이 생기기도 하고, 궂은 일 속에 좋은 일이 생기기도 하여, 길흉을 예측하기 어렵다. 대체로 선배 손위의 은고를 입어 중년까지는 비교적 발달하나 중년 후부터는 점차 쇠운으로 기울어져 마침내는 비참한 처지를 면치 못하게 된다. 그리고 전반생이 흉할 때는 후반생이 길하고 전반생이 길하면 후반생이 흉한 암시를 또한 이 수는 지니고 있다. 다시 말하면, 이 수를 가진 사람은 행운이 붙잡힐 듯 붙잡힐 듯하면서도 붙잡히지 아니 하는 묘한 운을 지녔다. 속만 태우다가 나이만 먹어 버리게 된다는 것인데 때문에 이 수는 말년이 비참한 암시를 가지고 있다.

여성 이 수의 여성은 소녀시대를 다복한 속에서 보냈다. 특히 조부모 · 부모의 사랑이 여간 극진하지 않았다. 연애에서 결혼까지도 순탄하다. 그러나 후반생을 불행 속에 보내는 흉 암시가 작용하고 있으므로, 마음을 놓아서는 안 되겠다. 말년운이 좋지 않으니 가정이 불화하고 이혼, 사별 등의 흉 암시를 가지고 있는 수이다.

| 78 | 지능출중 · 전락고통 · 중년성공 · 점차쇠퇴
길흉상반 · 전운평복 · 만년비참 · 여성재혼 | **공허운**
空虛運 |

남성 [77]의 수와 마찬가지로 길흉이 상반한 수로 중년 전은 발달이 두드러지나 중년 후는 점차 쇠운으로 기울어져 말년에는 고생을 면하기 어렵게 되는 공허한 수이다. 길속에 흉이 들어 있고 흉 속에 길이 들어 있는 운기이기는 하나, 어느 편이냐 하면 길보다도 흉의 기운이 강하다. 설령 천부의 좋은 자질을 타고났다 할지라도 영광은 한때요, 세상에 나오지 못한 채 평생을 마치게 되는 일이 허다하다. 그러나 이 수가 무능력을 의미하는 것은 아니다. 지능도 있고 결단력도 있다. 그런데 일을 계획해서 행동으로 옮기면 어디에서인지도 모르게 파탄운이 스며드는 묘한 암시가 있다.

여성 이 수의 여성은 용모도 예쁘고 재능도 있어 행복한 소녀시절을 보낸다. 초년에는 부모덕이 있어 남부럽지 않으나, 점점 운기가 쇠퇴하여 결혼과 동시에 불행이 찾아들 우려가 다분히 있는 수이다. 특히 이 수의 여성은 배우자와 인연이 박하여 이혼하고 재혼하는 암시를 가지고 있는 수이다. 또한 말년에는 질병으로 고통을 받는 고독한 수이다.

| 79 | 신체건전 · 정신박약 · 무모좌절 · 궁극불행
종국쇠퇴 · 임종불행 · 종말비참 · 번민중첩 | **좌절운**
挫折運 |

남성 몸은 건강하나 정신력이 박약하여 실행력도 없고 도의심도 없다. 따라서 사회적 신용을 저버리기가 일쑤요, 또 비방의 대상이 되다가 마침내는 하는 일 없이 허송세월하는 무위도식배가 되고 만다. 무위도식이라 해도 마음이라도 편하다면 좋겠으나 그렇지도 못하다. 하루도 마음 편할 날이 없는 운기이다. 밤에는 잠이 오지 않고 낮에는 일어섰다 앉았다 안절부절못하는 상이다. 따라서 건강도 좋을 까닭이 없다. 심신이 모두 온전하지가 못하다. 그러나 배우자를 잘 만나면 큰 변화를 가져올 수도 있다. 배우자를 가지고 자신의 평생을 점친다는 것은 서글픈 이야기이기는 하나, 이 수를 가진 사람은 배우자를 잘 만남으로써 운기가 호전한다는 암시를 지녔다.

여성 항상 무엇인가 불만을 품고 있다. 그렇다고 그것을 해결하려는 노력을 하는 것도 아니다. 그리고 그것이 정신적 박약의 원인이 되기도 한다. 신경질이 많고 소극적인데다 때로는 무모하기까지 하니 종말은 비참하다. 좌절과 번민 속에 살다가 고독한 일생을 마치는 흉수이다.

| 80 | 평생곤고 · 파란중첩 · 단명요절 · 패가망신
불평불만 · 재난연속 · 입산수도 · 일체정지 | 정지운
停止運 |

남성 모든 것이 끝나는 종말과 같은 운기의 수이다. 재난이 연속되니 불평불만이 많을 수밖에 없다. 그렇게 일생 동안 따라다니는 평탄치 못한 운세에 고독운 · 형액운까지 겹쳐 사회생활을 도저히 영위해 나갈 수 없다. 파란이 계속 밀려오고 심지어 횡사운마저 있는 극흉수로 단명할 수도 있다. 이 수를 성명에 계속 쓰려면 일찍부터 입산수도하여 불도를 닦는 길밖에 없다. 또 양자로 가면 조금은 운이 호전된다. 그렇더라도 하루 빨리 개명하여 흉운에서 벗어나는 것이 최선의 길이다.

여성 이 수의 여성은 정신적 불안이란 흉 암시를 내포하고 있다. 앞에서도 말했지만 여성은 획수가 많은 것을 꺼린다. 흉 암시가 작용할 때는 그 흉력이 배가된다. 이름에 있어서는 획수가 아무리 좋아도 외견적인 인상이 크게 작용한다. 아무리 획수가 좋아도 시각적으로 불쾌한 인상을 준다든가 하면, 그 운기는 제대로 발현되기 어렵다. 이 수는 파란이 계속되고 가정은 도탄에 빠져 기쁨이란 없다. 건강마저 좋지 않아 단명할 암시가 있으니 개명해서 새로운 운명을 개척해야 한다.

| 81 | 길상대행 · 부귀권위 · 환원갱생 · 운기왕성
춘풍태평 · 신망명예 · 만인장생 · 복록진진 | **갱생운**
更生運 |

남성 이 수는 9와 9를 곱한 「수」이자, 새로운 시작을 뜻하는 수로서 권위두령운(權威頭領運)인 [1]의 운기와 동일하다. 만사에 있어 최대의 권위와 길운을 암시하고 있다. 또한 운기력이 왕성하여 능히 부귀영화를 누릴 수 있다. 쉽게 말해 봄날의 해가 동천에 떠오르는 격이라고 할까. 모든 일에 장애가 없으니 큰 성공을 보장받는다. [81]의 수를 가진 이름은 드물다. [81]의 수는 홀수 [1]로 환원되는 수로서 [82]부터는 한 자리수인 [2]의 운기와 같고 [83]은 [3]과 같다. [81]수 이상의 수리는 [80]을 제하고 최초의 [1]로 환원하여 운기를 알아보면 된다. 대길수이다.

여성 이 수의 여성은 남성과 운이 동일하다. 그러니 앞의 [1]의 운기와 다르지 않다. 아름답고 이지적인 여성이다. 앞에서도 언급했지만 결혼과 동시에 운이 급속도로 트이는 여성으로 노력을 하든 안 하든 이상적인 남성을 만나 결혼으로 골인 하는 길 암시가 작용하고 있는 길수이다. 일생을 활기차게 뜻대로 살 수 있으니 부러울 게 없는 여성이다. 대길수이다.

4. 오행(五行)의 생극(生剋)

오행이란 모든 천지만물이 '木 火 土 金 水'의 다섯 원기(元氣)로 이루어졌다고 보는 것이다. 또 이것들이 서로 상생(相生)하고 상극(相剋)하기도 하면서 우주 만물이 생성되고 지배된다고 보는데, 이를 음양(陰陽)과 합해 음양오행설(陰陽五行說)이라 한다.
오행의 상생, 상극 그리고 그 구성을 도표로 정리하면 다음과 같다.

⊙ 오행의 상생(相生)

木生火	火生土	土生金	金生水	水生木

생은 길(吉)한 것으로 나무는 불을 생하고, 불은 흙을 생하고, 흙은 금을 생하고, 금은 물을 생하고, 물은 나무를 생한다.

⊙ 오행의 상극(相剋)

木剋土	土剋水	水剋火	火剋金	金剋木

극은 흉(凶)한 것으로 나무는 흙을 극하고, 흙은 물을 극하고, 물은 불을 극하고, 불은 금을 극하고, 금은 나무를 극한다.

◉ 오행의 구성(構成)

五行	음향(音響)	획수(劃數)	천간(天干)	지지(地支)
木	ㄱ, ㅋ	1, 2	甲, 乙	寅, 卯
火	ㄴ, ㄷ, ㄹ, ㅌ	3, 4	丙, 丁	巳, 午
土	ㅇ, ㅎ	5, 6	戊, 己	辰,戌,丑,未
金	ㅅ, ㅈ, ㅊ	7, 8	庚, 辛	申, 酉
水	ㅁ, ㅂ, ㅍ	9, 10	壬, 癸	亥, 子

五行	오장(五臟)	색(色)	방위(方位)	성품(性品)
木	간(肝)	청(靑)	동(東)	인(仁)
火	심장(心臟)	적(赤)	남(南)	예(禮)
土	위장(胃臟)	황(黃)	중(中)	신(信)
金	폐(肺)	백(白)	서(西)	의(義)
水	신장(腎臟)	흑(黑)	북(北)	지(智)

◎ 서울의 4대문 중 동대문(東大門)은 흥인지문(興仁之門), 남대문(南大門)은 숭례문(崇禮門), 서대문(西大門)은 돈의문(敦義門), 북문(北門)은 홍지문(弘智門)이라 하고 중심에는 보신각(普信閣)을 두었다. 위 오행표로 살펴보면, 4대문의 이름이 오행의 방위와 성품에 따라 참으로 멋스럽게 지어진 이름이라는 것을 알 수 있다.

5. 음향오행(音響五行)과 운명

이름의 6대 요소 중에서 음향오행(音響五行)이 운명을 지배하는 내용을 살펴보자.
오행 '木 火 土 金 水'를 셋씩 결합하면 각 오행마다 수학적으로 25종류의 오행이 나온다.

예를 들어 木(ㄱ, ㅋ)에 해당하는 성씨(金, 高, 姜...)가 성씨를 포함하여 석자의 이름을 가질 경우, 수학적으로 25종류의 음향오행 이름이 나타난다는 것이다. 이는 다른 성씨들도 마찬가지다.

이것을 오행의 생극(生剋)으로 분석해보면 평균적으로 5~6종류는 길(吉)하다. 그러나 8종류는 흉(凶)하고, 나머지 11종류는 반길반흉(半吉半凶)하다는 것을 알 수 있다.

다음의 도표를 참고하여 이름의 오행을 정한 후 앞에 설명한 것처럼 상생(相生)인지 생극(生剋)인지를 살펴본다. 그리고 그 음향오행(音響五行)의 상세한 내용, 즉 그 운명을 알아본다.

◉ 주 · 종음의 종류와 오행

	오행	주음	종음	음성	특징
음역의 특징	木	가 · 카	ㄱ · ㅋ	아음	견실하다. 이상을 향해 독보적인 기반을 닦아 성공한다. 자존심이 강하다.
	火	나 · 다 라 · 타	ㄴ · ㄷ ㄹ · ㅌ	설음	명랑하고 활발하다. 재치가 있다. 과단성이 있다. 다소 경솔한 면이 있다.
	土	아 · 하	ㅇ · ㅎ	후음	독실 · 온후하다. 치밀한 계획과 노력으로 대성한다. 침착하다.
	金	사 · 자 차	ㅅ · ㅈ ㅊ	치음	용감하다. 강인한 실천력으로 고난을 극복한다. 냉정하다.
	水	마 · 바 파	ㅁ · ㅂ ㅍ	순음	임기응변의 재치가 있다. 지모가 있으며 의심이 많다.

⊙ 주음과 종음의 연결 관계

「홍길동」하면 「홍」의 「호」, 「길」의 「기」, 「동」의 「도」는 주음이라 하고 「홍」의 받침인 「ㅇ」, 「길」의 받침인 「ㄹ」, 「동」의 받침인 「ㅇ」은 종음이라 한다.

이 주종음은 그 연결이 잘되어 있고, 잘못되어 있음에 따라 좋은 이름이 될 수도 있고 좋지 않은 이름이 될 수도 있다. 성명의 음향오행에는 다음과 같은 법칙이 있다.

(법칙 1) 오행을 낼 때는 관용음을 가지고 낸다.

(보기) 李=이 · 리   柳=유 · 류   林=임 · 림   龍=용 · 룡
　　　　禮=예 · 례   梁=양 · 량   良=양 · 량   理=이 · 리

성명		오 행					
		주음	종음	주음	종음	주음	종음
음향	홍 길 동	호	ㅇ	기	ㄹ	도	ㅇ
한자	洪 吉 童	土	土	木	火	火	土

성명		오 행					
		주음	종음	주음	종음	주음	종음
음향	김 복 길	기	ㅁ	보	ㅣ	기	ㄹ
한자	金 福 吉	木	水	水	木	木	火

(법칙 2) 주오행이 상호 연결하여 상생하면 길하고 상극하면 흉하다.

① 오행의 상생, 상극관계는 앞서 제시한 도표와 같다.
② 주오행이란 성명의 각 글자의 주음에 해당하는 오행을 말한다.

홍 길 동 = 土木火 (주오행이 상극관계를 이루고 있다)
김 복 길 = 木水木 (주오행이 상생관계를 이루고 있다)

(법칙 3) 주오행이 상호 상극하는 경우라도 종음의 하향연결이 상생관계를 이루고 있으면, 해당 주음의 생극관계가 흉인 경우라도 얼마만큼은 구제될 수도 있다.

(법칙 4) 주오행도 상호 상극하고, 종음의 하향 연결도 상극관계를 이루면 흉하다.

木木木 성공운과 장수운을 아울러 지녔다. 대망을 겨냥하는 야심가로, 서두름이 없이 일보일보 자신의 기반을 구축해 나간다. 지능도 수준 이상이요, 거기에 냉철한 이성까지 지녀 좀처럼 실수를 범하는 일이 없다. 다정다감한 면이 없지도 않으나, 그 때문에 지향하는 바 코스에서 벗어나는 일은 없다. 입신양명형이다.

木木火 애처가로 장수한다. 침착·신중한 천성을 지녀 탈선하는 일이 없다. 아래 사람을 사랑하고 아끼는 성품이 두드러져, 후배 부하에게 인기가 있다. 출세 코스에 있어서도 발탁형이라기보다는 추대형이다. 노력 여하에 따라서는 상당한 지위에까지 오를 수도 있을 뿐더러, 자손의 효도 또한 지극해, 나이가 들어갈수록 만복이 모여든다.

木木土 가정에 충실하고, 장수 안강하다. 건실형으로, 첫째도 건실, 둘째도 건실, 난관에 부딪쳐도 주위의 힘을 빌리려고 하지 않는다. 자존심이 허락하지 않기 때문이다. 언제나 혼자서 행동하는 독불장군으로, 신의 하나로 대업을 이룩해 낸다.

木木金 진취적인 기상으로 대업을 성취할 큰 그릇이기는 하나, 왠지 안정된 정신생활을 바라기는 어렵다. 고집

이 강해 그런지 불평불만을 삭여 낼 도량을 갖지 못해 그런지는 모르나, 미로를 헤매듯 갈팡질팡하는 운로를 걷게 된다. 그렇더라도 부단히 노력하고 매사를 게을리 하지만 않으면 어느 정도의 성공은 기대할 수 있다.

木木水 부하와 처자의 힘을 입어 액운을 극복하고 성공, 이름을 사해에 드날린다. 정에 무르고 서두르는 편이어서, 그 때문에 실수를 저지르기가 일쑤이므로, 남의 조언이나 충고에 대해서는 인색하지 말아야 할 것이다. 생활력은 강하나 타산적이다.

木火木 자수성가형이다. 머리도 좋지만 작은 것을 가지고 큰 것을 이룩해 내는 솜씨가 비상하다. 여기에 다시 자르고 끊고 하는 과단성마저 지녔으며 센스 또한 빨라 처세에도 빈틈이 없으니, 맨손으로 부를 이룰 형이다.

木火火 인내력만 기르면 부귀영화가 절로 따르게 된다. 머리가 좋고, 수완 또한 빼어나 꾸준한 노력과 인내력만 따라준다면, 성사 못해 낼 일이 없다. 그렇기는 하나 우여곡절을 면하기 어려운 것은 어쩔 도리가 없다. 가정은 화목하다.

木火土 넓은 도량을 지닌 화합 제일주의자라 할까. 처자를 사랑하고, 후배, 부하, 손아래 사람을 보살피고 돌보는 성의는 타의 모범이다. 오로지 올바른 정도만을 걸어 큰 포부를 관철, 지도적인 인물로 만인의 추앙을 받는다.

木火金 두령적인 인물로, 명석한 두뇌와 노력으로 성공을 하나 「실」이 따르지 않은 「허영」에 조난, 파란의 수까지 겹쳐 일시적인 것에 그치는 암시가 있다. 이를 극복해 내었을 때 비로소 동량지재로서 빛을 보게 된다. 외견은 침착해 보이나, 항상 불안과 초조에 시달려야 하며, 대인관계에 있어서 또한 시정해야 할 결함이 한두 가지가 아니다. 처자와 부하, 손아래 사람에 대한 학대는 그중에서도 가장 두드러진 결함이라 하겠다. 이성 관계 또한 복잡하다.

木火水 가정운의 동요로, 흉액을 만날 우려가 있다. 수완이나 대외적인 활동에 있어서는 나무랄 데가 없으나, 뜻하지 않은 사고로 급전직하 성공이 무로 돌아가고 만다. 가족의 인연 또한 박하여, 백 가지 화란이 이로 하여 모여든다. 신경질이 대단하다.

木土木 손위의 은혜도 없고, 처자와의 인연도 박하다. 무골호인형으로, 체념과 실의 속에서 명을 부지할 수 있는 그 한 가지만을 다행으로 일정한 거처도 없이 하루하루를 살아가는 안타까운 인생이다.

木土火 부하와 처자의 조력을 입어 발전하는 경향이 있다. 그러나 무슨 불평불만이 그리도 많은지 모르겠다. 성공운도 있고, 복록이 전혀 없는 것도 아니나, 고통과 가난 속에서 일생을 낭비하기가 쉽다. 이 점만 유의하면 부귀 장수한다.

木土土 안정된 가정운을 밑받침으로 하여, 칠전팔기 성공을 한다. 외유내강형으로 침착·극기·자제 등 여러 장점을 지니고 있는데도 급성 급패, 성공이 오래 가지 않는다. 다행히 내조에 힘입어, 재기에 또 재기, 끝내는 성공을 이룩해내기는 하나, 노력에 비해 성공은 그다지 큰 것이 못된다.

木土金 맥을 놓고 눈물짓는 실의 속에 난치병으로 고생한다. 노력이 모자라고 지구력이 약한 것도 아닌데 매사에 방해가 끼어들어 성사가 되지 않는다. 게다가 역경을 극복해 나아갈 배짱이라도 있다면 모르되, 그마저 없으니 속만 썩이다가 결국은 불면증에 걸린다거나, 폭

음으로 위를 상하게 된다거나 하게 된다.

木土水 가정적인 불운의 연속으로 목적을 달성하기 어렵다. 굳은 신념으로 매사에 임하기는 하나, 불의의 재해·재난으로 성사를 바라기 어렵다. 거기에 병난까지 침해를 하니, 불요불굴의 정신이 무엇보다도 필요하다. 물론 박력은 있다. 그런데도 좋은 결말을 보기 어려우니 딱하기만 하다. 가정운도 파경에까지 이르는 수가 있다.

木金木 결단력도 있고 의지도 강하나, 무엇 하나 이루어지는 것이 없다. 성패를 대중 잡을 수가 없어, 아예 손을 아니 대는 것만 못하다. 고집이 대단하여 남의 조언이나 충고를 받아들이려 하지 않으니, 결국은 혼자 씨름을 하다가 지쳐 자포자기하고 폐인이 되고 만다. 가정운 또한 좋지 않다.

木金火 조난의 연속, 거기다가 가정운까지 좋지 않아, 불우 속에서 평생을 마치게 된다. 자존심이 대단하여 협조·타협이라고는 모르기 때문에, 결국은 자신의 운명을 한탄하다가 파경에 이른다. 자존심을 죽이고 다른 인과의 협조에 힘을 쓰면 흉액을 어느 정도는 줄일 수도 있을 것이다.

木金土 인망 부족으로 성공이 늦어 중년 후에 가서야 겨우 이
룩될 수 있다. 가정운도 좋은 편이 못되어, 가정 싸움
이 끊일 날이 없고, 밖에서도 사사건건 충돌만을 일삼
으니 복록이 붙을 리 없다. 고집이 대단하다. 그 고집
을 꺾고 가정의 화목을 도모하지 않으면 중년 후의 성
공도 바랄 수 없다.

木金金 안하무인, 상하격돌, 파산의 수까지 지녔다. 그렇기는
하나 고집을 꺾고 인화에 힘쓰면 좋은 머리, 큰 뜻으
로 명망과 권위를 한 몸에 아주 못 지닐 운기도 아니
다. 가정운은 비교적 좋은 편이다.

木金水 입신양명 했다가도 급전직하, 나락의 길을 걷게 된다.
그러나 이론적인 두뇌를 논쟁에 사용할 것이 아니라,
창의적인 분야에 사용 한다면 실패의 길만은 모면할
수 있을 것이다. 가정의 화목에 힘쓰고 동시에 대인관
계에 원만을 기할 수 있다면, 호운을 누릴 수도 있을
것이다.

木水木 성공운이 순조롭고 매사가 뜻과 같다. 덕망과 권위를
또한 함께 지녀, 평생을 통해 아쉬운 것이라고는 아무
것도 없다. 성품이 온유하여, 남에게 이용당하거나 사
기당할 암시가 있다. 사색적인 면이 두드러져 조용한

가운데 명예와 지위를 쌓아가는 형으로, 출중한 인격자로서도 세인의 추앙을 받는다. 단, 낭비벽이 심한 것은 결점이다.

木水火 가정을 경시하는 경향이 있고, 성공을 해도 일시적인 것으로 끝나 버리기 일쑤다. 어느 정도까지는 부와 지위를 쌓기는 하나, 아부하길 좋아하는 성격은 결점이라 하겠다. 그래서 속성속패·급변급화, 길운이 오래 가는 일이 없다.

木水土 가정적으로 불우하고 실의 속에 평생을 보낸다. 그러나 급진적인 성격에다가 자만심이 강하여, 덕망을 지니기는 어려울 뿐더러, 부침 파란이 심한 운기로 전락을 자초, 비애 속에 일생을 마치게 된다. 그렇더라도 분수를 지키고 인격도야에 힘쓰면, 최소한도로 재액을 줄일 수는 있다.

木水金 처자와 부하의 숨은 공이 크고, 임기응변의 재지로 공명 영달한다. 서둘지 않고 바른 정도만을 걷는 군자의 풍도라고나 할까. 그래서 그런지 알게 모르게 도와주는 사람이 많다. 평생을 통해 이렇다 한 굴곡이 없다.

木水水 변화무쌍하나, 전진이면 호전, 가는 곳마다 공이 있다. 이 말은 지모가 출중하고, 처세술이 능하고, 활동력이 왕성함을 의미하기도 한다. 따라서 소기의 대업을 완수함에는 그다지 큰 어려움이 없다.

火木木 선경지명이 출중하여 소기 목적을 무난히 달성할 수 있다. 외향적인 성격에 잠시도 쉬지 않고 전진에 전진, 향상 발전이 하루가 다르게 혁혁하다. 그렇다 해서 자만에 빠지는 것도 아니요, 순진 겸손함을 잃음이 없어, 주위의 칭송을 받아 가며 출세 영달한다. 혈압에만 조심하면 부귀 장수한다.

火木火 도와주는 사람이 많고, 성공운 또한 순조롭다. 두령격인 인물로, 나무랄 데 없는 인격은 추앙의 대상이 되고도 남음이 있다. 다만 타산적인 성격이 옥에 티라고 할까. 은덕을 베풀어도 그냥 베푸는 것이 아니라, 앞뒤 계산한 후에, 차등을 두는 성격은 모처럼의 큰 그릇에 흠이 갈지언정, 하나 도움이 될 것이 없다.

火木土 부귀공명, 급진적으로 발전을 거듭하여 하루아침에 부를 쌓는다. 그렇더라도 위에는 아부하고, 아래에는 박대를 하는 고약한 성격을 고쳐 인간성의 개조에 힘쓴다면, 더욱더 호운을 만나 세인의 위에 설 수도 있을

것이다. 또 한 가지는 남과 잘 다투는 호전성을 가지고 있다. 이 결점부터 우선 고쳐야 될 것이다. 무병장수한다.

火木金 동요가 극심하여, 전전유랑, 하루도 자리가 따뜻할 날이 없다. 불의를 보고는 못 참는 정의파로, 추상 같은 기질은 큰 인물을 방불케 하나, 급진적인 성격 때문에 움직이면 움직일수록 재앙이 뒤따라, 되는 일이 하나도 없다. 집안이 안락하면 바깥일에 방해가 생기곤 한다. 결국은 운기의 무자비한 심술 앞에 무릎을 꿇게 되고 만다.

火木水 적수공권으로 큰 뜻을 이룩해 낸다. 세상사를 초월한 달관적인 자세를 견지, 소기의 목표를 향해 전심전력을 기울이는 외곬으로, 정도·정론을 고수, 권모술수라고는 모른다. 대인관계에 있어서는 예의를 잃는 법이 없고, 배신하는 일이 절대로 없다. 학술·기예 방면에서 일가를 이루는 수가 많다. 자수성가형이다.

火火木 순풍에 돛을 단 듯 호운의 연속, 내조의 공이 또한 크다. 활농적인 데나 오늘의 일을 내일로 미루지 않는 정확 명쾌한 생활 태도를 지녀, 중년에 이미 명예와 지위의 주인공으로 활약한다. 다만 신경질적인 면이

있어 이로 인해 자칫 운로에 굴곡이 생기지 않을까 두렵다.

火火火 자기주장도 지나치고, 활동력도 지나치고, 자존심도 지나치고, 심지어 일거수일투족이 지나치지 않은 것이 없다. 바꾸어 말하면 하나에서 열에 이르기까지 제멋대로가 아닌 것이 없다. 때문에 성공을 했다고 해도 이내 무로 돌아가 버리기 일쑤다. 본래가 무궤도한 생활태도이다 보니, 복록이 따른다는 것이 이상할 일일지도 모른다.

火火土 혁신적인 능력으로 사회적 명성을 쟁취한다. 내강외유형으로 평소에는 온유하기 그지없으나, 한번 폭발했다 하면, 물불을 가리지 않는 광포한 인간이 되고 만다. 그러나 그것은 인간 수양이 덜된 사람인 경우이고, 보통은 물불을 가리지 않는 불요불굴의 기백으로 적수공권, 아무것도 가진 것 없이도 혁혁한 명예와 지위를 쟁취, 입신출세하게 된다. 가정적이다. 아랫사람을 아끼고 돌보기도 잘한다.

火火金 이지적이기는 하나 그 도가 좀 지나치다. 자제라는 것이 없고 이리 부딪치고 저리 부딪치고는 하다가 결국은 자신의 몸 하나 앉힐 자리조차 잃은 채, 고독 속에

서 평생을 마친다. 그렇기는 하나 인내심을 기르는 한편, 아랫사람을 멸시하는 좋지 않은 인간성을 고치고 인간개조에 힘쓴다면, 비참한 말로만은 면할 수 있을 것이다. 또 심한 신경질은 줄여야 할 것이다.

火火水 흉액이 중첩하고 요절·단명·횡사수마저 있다. 그러나 머리는 비상하다. 그 비상한 머리와 비범한 수완으로 자수성가하여 영화를 누릴 수 있으나 어디까지나 일장춘몽에 지나지 않는다. 매사가 용두사미로 시작은 있어도 끝이 없다. 가족은 말할 것 없고, 주위에서 도와주는 사람 하나 없으니, 비참한 말로만은 면할 길이 없다.

火土木 선조의 음덕으로 복록은 누릴 수 있으나, 가정적인 고뇌만은 어떻게 할 길이 없다. 선태후곤(先泰後困)으로, 초년은 좋으나 후년은 초년 같지만 못하다. 그렇더라도 성품이 부드러워 위에 순종하고 아래를 아끼는 여덕이라 할까, 거기에 다시 자신의 자질을 발굴, 노력을 게을리 하지 않으면 인망을 얻을 수도 있고 대업을 이룩할 수도 있다.

火土火 자존심이 지나치게 강한 점만 약간 누그러뜨리기만 하면 나무랄 데 없는 좋은 운기이다. 순풍에 돛을 단 듯

만사가 뜻과 같다. 부귀영화를 누리고 그 여덕이 자손에까지 미치며 이름이 후세에까지 남는다.

火土土 한마디로 정심·정도 즉, 바른 마음 바른 길밖에 모르는 사람이다. 수분수신의 사람이기도 하여 분수 밖의 일에 대해서는 일절 관심이 없고, 정한 바 목표를 향해 전심전력 매진할 뿐이다. 명예와 지위, 부(富) 할 것 없이 뜻과 같지 않는 것이 없다. 단, 건강은 주의할 필요가 있다.

火土金 선조의 유덕으로 운기가 단단하다. 머리 또한 비상하여 도모하는 일이 뜻과 같고, 뜻이 크면 클수록 대성한다. 명진사해·부귀겸전, 어떤 분야에서든 중심적인 인물로 활약한다. 부하를 사랑하고 아끼니 따르지 않는 이가 없다.

火土水 외유내강형이다. 자존심이 강한 것은 그렇다 치더라도 무슨 불평불만이 그리도 많은지 알 수가 없다. 가정불화도 그 원인의 하나라 하겠으나, 아무튼 성공을 했다 하더라도 일시적인 것에 지나지 않는다. 결국은 고독 속에서 평생을 보내게 된다. 요절·단명수마저 있다.

火金木 머리는 빠르고 좋으나, 운이 따라 주지 않아 하는 일마다 실패로 돌아간다. 거기다 행동마저 포악스러워 처음부터 따라 줄 운이 없는 것이 아닌지도 모를 일이다. 부모와 형제, 처자와도 화목하지가 못하여 반목, 반발 속에서 지내야 하는 기구한 운명을 지녔다.

火金火 안하무인에 좌충우돌, 인간성다운 인간성이라고는 찾아볼 수 없다. 형제가 있으나 형제로부터도 따돌림을 당한다. 신용이라고는 없어 남에게 도움을 청하려고 해도 청할 수가 없다. 비정상적인 수단으로 어떻게 살 길을 잡기는 해도, 그나마 오래 가지를 못한다. 결국은 고독과 파란 속에서 평생을 마치게 된다.

火金土 고생고생하다가 후반에 가서 겨우 겨우 안정을 찾게 된다. 과단성과 진취성은 지녔으나, 재난의 연속이어서 그야말로 앞길이 막막하고 헤쳐 나가기가 너무 힘에 부친다. 끝내는 처자까지 극하게 되는 운기도 지녔다.

火金金 도모하는 일마다 성공 일보 직전에서 좌절, 그렇잖아도 심한 신경질만 늘어날 뿐이다. 처자와 아랫사람의 도움으로 포부의 절반은 가까스로 이룩해낼 수는 있으나, 그렇더라도 방탕의 연속과 불운의 연속에 심신의 안정을 얻기 어렵다.

火金水 고집불통으로 무작정 전진만을 일삼다가 결국은 그것으로 끝이나고 만다. 그래서 아무것도 이룩한 것이 없다. 그러나 가정에서는 인정을 받는 사람으로 말년에는 그런대로 편안하다.

火水木 계획성과 수완 등 일을 경륜하는 재능은 충분히 갖추고 있으나, 워낙 어려운 속에서 출발을 한 터라 마음에 여유가 없어 반목과 반발, 남과 다투기를 잘한다. 천신만고 어느 정도의 입신양명은 기대할 수 없는 것도 아니나, 스스로 파탄을 불러 모처럼 쌓은 공도 헛되이 된다. 말년에 가서 겨우 형제 친척의 후원으로 태평을 얻게 된다.

火水火 수재형이기는 하나 성품이 편협하여 될 일도 스스로 망쳐 버리는 격을 반복하게 된다. 신경질이 심하여 찾아든 좋은 기회도 번번이 제 발로 짓밟아 버리기 때문이다. 한마디로 일엽편주가 만경창파에 표류하여 방황하는 격이다.

火水土 대업을 이룩하기 어렵다. 뜻은 크나 얻어지는 것이라고는 하나 없다. 거기다가 방탕성까지 있다 보니 파탄이 중첩할 것은 뻔한 일이다. 타고난 재모와 지략도 헛되이 비애의 눈물 속에서 평생을 마치게 된다.

火水金 비애 속에 평생을 마치는 잠룡(潛龍)과도 같다. 가정적인 혜택이 없고 설상가상으로 질병에 시달린다. 천신만고 끝에 자립을 했다 할지라도 무질서한 행동이 화가 되어 쇠락의 길을 걷게 된다.

火水水 비상한 간계로 자립 출세하는 듯하다. 그러나 결국은 비운을 겪게 된다. 이론을 좋아하고 술수에 능란하나 이를 정도에 활용하려고 하지 않고, 사도(邪道)에만 사용하니 운이 좋을 리 없다.

土木木 성공이 더디다. 정직함과 성실, 불굴의 노력으로 뜻을 펴보려고 하나, 중요한 고비에 가서는 번번이 장애가 있다. 그래도 인망이 두터워 끝에는 부귀영화, 그 여경을 자손에게까지 물려준다.

土木火 성공이 여의치 않고 고생 끝에 발전을 한다. 일찍이 고향을 떠나 유랑전전, 이루어지는 것이 하나 없다가 약자를 옹호, 보살펴 온 은덕이라 할까, 후반에 가서는 유종의 미를 거둔다. 말년은 덕망 또한 높고, 수 또한 장수한다.

土木土 일찍부터 이역을 전전, 자리가 따뜻할 날이 없다. 타고난 인내와 끈기. 거기다가 타협을 모르는 고집으로

궁핍은 그런대로 면할 수 있으나, 불구 단명수만은 어떻게 피해야 할지, 남을 위한 봉사로 인망을 쌓는 길 밖에 달리 길이 없을 것 같다.

土木金 만사가 불성이다. 불요불굴의 인내로 만난을 극복하고 전진에 전진을 계속하나, 끝을 볼 수 없다. 결국은 자포자기하여 닥치는 대로 남과의 충돌만을 일삼다가 평생을 마친다. 사고무친, 도와줄 가족 또한 없다.

土木水 뜻은 호걸 못지않으나, 매사가 용두사미로 끝난다. 따라 주지 않는 운기도 운기지만, 타인과의 불화는 치명적인 결함이라 하겠다. 걸핏하면 격돌, 윗사람을 윗사람으로 알아주지 않으니, 끌어줄 사람이 있을 리 없다. 실의 속에서 평생을 마치는 수밖에는 달리 방법이 없다.

土火木 내조의 공이 다대하고, 탄탄대로를 걸어 성공한다. 뜻도 크지만 이룸도 크다. 일약출세, 사회의 중심적인 인물로 이름을 드날리니, 그 역량과 덕망을 기리지 않는 사람이 없다. 정확한 판단력은 특성 중에서도 두드러진 특성이라 하겠다. 수 또한 장수하며 자녀들은 효도한다.

土火火 세력충천, 만사형통하여 이름을 떨친다. 어느 편이냐 하면 급진주의자로, 성공도 놀랄 정도로 빠르다. 그러나 서두르기만 하고 기초를 다지지 않아 그런지 쉽게 기울어지기도 한다. 때문에 운세가 좋으면 좋을수록 가끔은 브레이크를 걸 필요가 있다. 예의에 밝은 사람이다.

土火土 만사형통하고 대업을 성취하니 아쉬운 것이 없다. 뿐만 아니라 위는 존경하고, 아래에는 자애를 베푸는 이상적인 인격자이기도 하다. 단 남에게 이용당하기 쉬운 점은 생각해 볼 문제이다. 이용당하는 것과 베푸는 것과는 근본적으로 다르기 때문이다. 부귀겸전 장수한다.

土火金 두뇌는 명석하나 하는 일이 순탄하지 못하다. 외화내빈이라 할까. 겉보기에는 화려하나 속은 그렇지 못하다. 늘 곤궁하다. 기초운이 단단하지 못하여, 대소사를 불문하고 무엇을 이룩해 내려면 여간 힘이 안 든다. 그래서인지 위에 대한 아부 아첨이 심하다. 가족과는 인연이 없는 편이나, 각고의 노력을 하니 끝에 가까스로 자수성가는 한다.

土火水 부귀도 일장춘몽, 패가망신을 면치 못한다. 재능은 비

상하다. 선경지명 또한 비범하여 자수성가를 하나, 그 길로 급전직하, 패가망신의 길을 걷게 된다. 그렇더라도 남을 모함하고, 남의 험담을 잘하는 고약한 성격만 고칠 수 있다면 역경을 어느 정도 막아 낼 수는 있을 것이다. 또 무질서한 언동 또한 운기를 흉하게 몰고 가는 큰 원인이 된다는 것을 알아야 할 것이다.

土土木 변화가 많고, 남모르는 번민이 떠날 사이 없다. 선곤 후난으로 유랑전전, 초반은 빈곤하고, 후반은 액운에 시달리니, 느는 것은 반발과 반항밖에 없다. 그렇기는 하나 정심·정도 하나로 각고의 노력을 하면 의식주에는 곤란을 당하지 않는다.

土土火 가정이 평화롭고 만사가 뜻과 같다. 온후하고 성실한 성품은 대업을 성취하기에 부족이 없으며, 운세가 또한 길운으로 향해 주니, 지닌 바 역량을 십분 발휘할 수 있다. 이름을 드날리고 그 여덕이 자손에까지 미친다.

土土土 성공할 수도 있으나 수리가 흉하면 불행을 면치 못한다. 아둔하고 느린 것이 결점인 것 같으나 반전하여, 중후한 자질로 장점이 될 수도 있다. 남을 위한 봉사 정신이 강한 것도 여덕을 쌓는 결과가 되며, 그 여덕

은 자손에까지 미친다. 화려하지는 않으나 확고한 걸음걸이로 기반을 쌓아 간다.

土土金 가정평화, 부귀겸전, 자손융창하다. 강한 인내심으로 목적하는 바 대업을 이루어 낸다. 어느 편이냐 하면 대기만성형으로, 초·중년보다는 말년이 한결 더 영화롭다. 조상의 은덕 또한 두텁다.

土土水 심려와 노고가 끊일 사이 없다. 사고무친, 전전방랑, 어느 정도의 지위와 부는 기대 못할 것도 없으나, 일시적인 영화로 다시 전락의 길을 걷게 된다. 그렇더라도 성공했을 때 부하, 후배를 아끼고 사랑했다면, 의식주에는 곤란을 당하지 않는다. 그러나 위는 아부하고 아래에는 냉대·학대하는 성격은 좀처럼 고치기 어려울 것이다.

土金木 가정불안, 일진일퇴, 길흉을 걷잡기 어렵다. 길하다 보면 흉이요, 흉하다 보면 길로, 마음을 놓고 대사를 경륜할 운기가 아니다. 거기다가 가정운까지 좋지 않다. 돌다리도 두들겨서 건너는 신중성을 기르는 한편, 친화에 노력하면 최소한의 안정은 유지할 수 있을 것이다. 그러나 아랫사람을 경멸하고 박대하는 성격은 불치의 고질이라 해도 좋을 것이다.

土金火 골육상쟁, 속성속패, 풍파중첩, 흉한 운기가 너무 짙어 설령 머리가 좋고 처세에 능란하다 할지라도 무엇을 이루어 내기는 어렵다. 거기다가 협조성이라고는 없고, 지닌 것이라고는 자만이요, 화목이라고는 모르니 결국에 가서는 광기마저 띠게 된다.

土金土 관운대길하고 부부화합, 자손융창하며 자아가 강하다. 출중한 지모, 철석 같은 의지는 대업을 이룩하고도 남음이 있다. 상하 좌우를 포용하는 도량이 또한 넓어, 여경이 무궁무진하다. 장수한다.

土金金 맹호출림지상으로 초지일관 대업을 이룩한다. 청탁을 가리지 않는 넓은 아량을 또한 지니니, 만인이 우러러본다. 불퇴전의 기백과 강철 같은 의지와 확고부동한 자주성을 두루 갖춘 큰 재목이다.

土金水 성품이 솔직하다. 부하와 후배를 지극히 아끼고, 가정을 또한 사랑한다. 외유내강형으로 겉보기는 부드러우나 속에는 강철 같은 강한 심지가 박혀 있다. 적은 것을 쌓아 큰 것을 이룩하니, 부귀겸전이요, 높은 지위에 올라 중망을 모으기도 한다. 단, 운기가 너무 강하니 자중하는 것도 필요하다.

土水木 정진이 부족하다. 부족한 정도가 아니라 무력하다. 지능 면은 남이 따를 수 없을 만치 우수하나, 의지박약으로 아무것도 이루어 내지 못한다. 그렇더라도 의지를 기르고 가정을 사랑하고, 도량을 넓히고, 적성에 맞는 직업을 골라 일로 매진하면 어느 정도의 성공은 할 수 있다.

土水火 유랑방황, 파란중첩이니 뭐 하나 취할 만한 것이 없다. 거기다가 색정적인 성벽까지 있다. 흉운은 흉운을 불러와 종국에는 병액까지 침범, 스스로 살기를 포기해야 할 정도로 딱한 신세가 되고 만다. 가정운도 좋지 않다.

土水土 급성급패, 운기가 따라주지 않는다. 성공은 잠시요, 다시 역경 속에서 고통을 받아야 한다. 그나마 활동력이라도 강하면 몰라도, 지나칠 정도로 소극적이니 구제를 받을 길이 없다. 생명의 안위마저 염려된다.

土水金 재액의 연속에 가정불화까지 겹쳤다. 하는 일은 번번이 중도에서 좌절된다. 외강내유형으로 의지가 우선 약하다. 지속력이 없다. 소극적이다. 거기다가 운기마저 변화무쌍하다. 생명을 부지하고 사는 것만이라도 다행으로 아는 수밖에 달리 도리가 없다. 그렇더라도

강한 의지로 인간 개조에 힘쓰면 의식주 정도는 해결할 수 있다.

土水水 성패다단, 재난과 형액을 피하기 어렵다. 생각도 깊고, 계획성과 활동성 등 갖출 것은 갖추고 있으나, 파란이 중첩, 매사가 용두사미로 끝나 버리기 일쑤다. 그러나 굳건한 의지로 끝까지 밀고 나가면, 그런대로 성공은 거둘 수 있다. 불평불만은 이 배합의 나쁜 특성으로, 불의의 흉액을 불러오기 쉬우니 이점 유의해야 한다.

金木木 허약무력, 고독과 역경 속에서 허송세월한다. 성공운이 전혀 없는 것은 아니나, 천신만고 끝에 겨우, 그것도 아주 작은 성공으로 만족해야 한다. 그렇지 않고 욕심을 부리면 부릴수록 액운만 불러오게 된다. 말년에 가서 비로소 처자의 덕으로 평화를 얻게 된다. 직업은 두뇌를 활용하는 정신분야가 바람직하다.

金木火 다사다난하고 굴곡이 극심하며 단명수까지 있다. 이 배합에서는 인내와 인종, 그리고 배짱이 유일한 자산이라 할 수 있겠다. 유랑방황, 불의조난 등 흉액으로 유도해 가려는 흉운에 대처하려면 그 수밖에 없다. 참고 견디면 어느 정도의 대사는 이룩해 낼 수 있다. 담

력이 약하다.

金木土 신경이 예민하고 불만불평이 많다. 고생 속에서 평생을 마친다. 노력도 하고, 지능 또한 우수하나, 복종심, 타협심이라고는 찾아볼 수 없어 평생을 풍파 속에서 보내지 않으면 안 되는 기구한 운명이다. 가정운도 좋지 않다.

金木金 중도좌절과 파란중첩, 역부족으로 말로가 비참하다. 그러나 지능은 우수하다. 우수한 두뇌를 가지고 유랑전전, 방황만 해야 하니 신경만 병들 뿐이다. 일시 이름을 얻기는 하나 일장춘몽에 지나지 않고, 부부와는 생사별, 자신의 신명의 안위마저 걱정된다. 그렇더라도 각고면려 무슨 일이든 마다 않고 활동을 게을리 하지 않으면 의식주는 해결한다.

金木水 고집만 강했지 매사가 이루어지지 않는다. 몸만 바쁠 뿐이다. 때문에 남이 보는 눈에는 대사를 도모하고 있는 것같이 보이나, 실제는 빈털터리이다. 조상의 음덕도 없다. 착한 아내를 만난 것이 그나마 다행이라고 할까, 처의 내조로 화란일변, 후반생은 그런대로 행복하디.

金火木 사면초가, 전진불능. 고독하고 번민한다. 왕성한 활동력으로 일시 성공을 쟁취하기는 하나 불평불만, 만족을 모르는 성격이 흉변을 불러 급전직하, 세상을 비관하게 된다. 그렇기는 하나 평소의 마음 씀 여하에 따라서는 말년에 안락할 수도 있다.

金火火 자초풍파, 사업불성. 일이 이루어질 것 같으면서도 왠지 이루어지지 않는다. 중단되기 일쑤다. 속결속단, 불도저처럼 무작정 밀고 나가기만 하는 데에도 원인은 있을 것이고, 충고나 조언에 귀 기울이지 않는 데에도 그 원인이 있을지 모르겠다. 급진적인 성격을 삼가고 신중하게 일에 임한다면 자초풍파는 어느 정도 막을 수 있다.

金火土 자초화란, 이 점만 조심하면 대업성취, 입신양명, 부귀 또한 함께 할 수 있다. 용감무쌍한 과단성은 적수공권으로도 부를 쌓기에 족하다. 가족과는 화합하고, 아랫사람을 아끼고 보살피니, 그 여덕이 자손에까지 미칠 것이다.

金火金 초태후곤, 초년은 비록 안태하더라도 안하무인, 좌충우돌하는 성품의 난폭성으로 하여 재난을 자초, 역경 속에서 비참하게 지낸다. 거기다 단명수까지 있으니,

흉액을 몰고 오는 호전성부터 시정할 필요가 있다. 반항 반발심을 죽이고 적선적덕하면 재와 부가 또한 따를 수도 있다.

金火水 육친무덕. 광포한 호전성으로 말미암아 생명의 안위까지 염려된다. 그렇더라도 예의를 몸에 익히고 유순으로 마음을 다스리면 최소한 급화는 막을 수 있을지도 모르겠다. 이대로라면 타고난 수마저 온전하기가 어려워 단명할 수도 있다.

金土木 좌불안석, 유동수가 심하다. 강한 인내심과 정직한 성품에, 두뇌 또한 우수하여 자수성가하나, 변동이 심한 것이 결점이라면 결점이다. 그렇더라도 입신양명에는 별 지장이 없다. 예의를 존중하고 평소의 몸가짐이 좋으니 여경이 있다.

金土火 운기왕성, 대업성취. 이름을 사해에 떨친다. 선조 부모의 여덕이 없이도 자수성가, 입신양명하여 부귀를 아울러 지닐 수 있다. 자중하고 예의에 밝아, 덕망이 또한 높고, 심신이 건강, 현처의 내조에 힘입어 장수한다.

金土土 온후 원만한 인격자이다. 출세의 길도 순조로워, 대업을 성취하여 중심적인 인물로 이름을 후세에 남긴다. 예의를 존중하고 오로지 정도만을 걸으니, 따르는 이가 많다. 부귀겸전이다.

金土金 부귀영화, 형제유덕. 주위의 존경을 받아 가며 중심적인 인물로 대업을 이뤄 이름을 천하에 드날린다. 청탁을 가리지 않는 호인으로, 상하 빈부의 구별 없이 두루 정을 주고 사귀니, 교제 범위가 넓을 수밖에 없다. 뜻밖의 재물이 들어오는 요행수는 여덕의 하나라 볼 수 있겠다.

金土水 강한 인내력과 위를 성의껏 받드는 충성심으로 입신출세, 부귀를 함께 지닐 수 있기는 하나, 이따금 흉운을 만나게 된다. 그러나 그때마다 이를 극복하여 되레 자신감과 역량을 두터이 해 간다. 부모덕도 있고, 가정의 도움 또한 결코 적지 않다.

金金木 뜻도 크고 역량도 있으나, 공평을 잃은 편벽성으로 말미암아 이루어질 일도 이루어지지 않으며, 역경을 자초하여 실의 속에 평생을 보내게 된다. 그렇기는 하나 수양을 하면 길운이 돌아온다.

金金火 이루기도 쉽고 패하기도 쉬운 운기를 지녀, 맨손으로 자수성가, 이름을 또한 얻기도 하나, 급진적인 과격에 치우쳐 그런지 흔적만 남긴 채 이내 실패하고 만다. 또 뜻밖에 성공하니, 도무지 걷잡을 수가 없다. 가정은 불화가 가실 날 없다.

金金土 대업성취, 부귀겸전. 나무랄 데 없는 운기를 지녀 평생을 행복하게 보낸다. 담대하고 과단한 성품은 뛰어난 지모와 재략과 더불어 성공을 쟁취하는 귀한 자질이기도 하나, 도가 지나치면 비방의 불씨가 되기도 한다. 이 점만 조심하면 말년은 유유자적, 소신한 바 목표를 달성하여 태평가를 구가할 수 있다.

金金金 과강하면 부러지기 쉽다고, 지나친 고집이 흉운을 자초하여 소기하는 뜻과는 달리 역경 속에서 평생을 보내게 될 확률이 크다. 때로는 뜻하지 않은 형액을 당할 때도 있다. 이 점만 조심하면 이름을 드날리고 부귀영달, 매사가 뜻과 같다.

金金水 자존심이 강하다. 따라서 고고주의자로 기울어질 암시가 없지도 않으나, 다행히 도량이 넓어 대인관계에 화병, 화락을 기할 수 있다면, 만사가 순풍에 돛을 단 듯 뜻과 같다. 가정운 또한 좋고, 심신 또한 강건, 장수한다.

金水木 부모유덕하고 육친화합. 기초운이 우선 단단하다. 어느 편이냐 하면 종교와 도덕을 존중, 심취하는 암시를 지녀 그 방면에서 대성하는 수가 많다. 모가 없는 대인관계는 음덕으로 남아, 말년을 한결 더 풍요롭게 해 준다.

金水火 선조의 유덕으로 초반은 안강하다. 그러나 돌연 운기가 급변하여 역경에 처하게 된다. 예측할 수 없는 운기도 운기지만, 표리가 일치하지 않는 이중성격적인 처세에도 그 원인이 있을 것이다. 이에 대한 후환이라 할까, 말년이 비참하다.

金水土 일시성공의 운이 있기는 하나, 평길은 그런대로 유지할 수 있다. 치밀한 지능과 꾸준한 활동력으로 일시성공을 거둔다. 그러나 급변·급화 등 조난의 수만은 피할 길 없어, 역경 속에서 평생의 태반을 허비하게 된다. 지능은 우수하다.

金水金 선조의 유덕이 크다. 거기에 육친이 화합, 가정의 복록이 두텁다. 우수한 지능으로 자신의 세계를 개척, 이름을 사방에 드날린다. 심사숙고형으로 종사하는 일은 학예·예술 방면이 바람직하다.

金水水 유유자적, 순풍에 돛을 단 듯 매사가 순조롭다. 육친 유덕하고 자손영화, 그만만 해도 바랄 것이 없는데. 큰 뜻을 펴 부귀영달, 이름을 사해에 떨치니, 권위 또한 만만치가 않다. 물론 이는 남모르는 노력과 인내가 가져다 준 결과인 것은 말할 나위도 없다. 그러나 고독할 수 있다.

水木木 가정운도 좋고 성공운도 나무랄 데가 없다. 외유내강형으로 자존심이 강하고, 타산적 특성을 지녀 활동 범위가 좁을지는 모르나 예술·예능·학문·기술계통에 종사할 때는 오히려 그것이 장점이 될 수도 있을 것이다. 육친유덕에 가정운도 또한 이상적이다. 신체 또한 강건, 장수한다.

水木火 성품이 어질고 온유하다. 명석한 두뇌에 선경지명을 지녀, 어떠한 대사도 순조롭게 이루어낸다. 가정운도 좋고 손위의 은고도 두텁다. 대인관계에 있어서도 적이 없다. 돕고 도움을 받는 속에서 성공하니 아쉬운 것이 없다.

水木土 전반은 선조의 유업으로 안강하나 발전은 한때다. 선태후곤으로, 후반은 매사가 뜻과 같지 않다. 욕심이 많아 큰 것을 겨냥하기 때문에, 이루어질 일도 잘 이

루어지지 않는지 모른다. 서둘면 서둘수록 일을 그르치는 운기라 할까, 일로 매진 순리대로 나아가면 부귀공명할 수도 있다.

水木金 성공을 거두었다 하더라도 점차 불운으로 전락, 고독과 비애 속에서 세월을 허송하다가 다시 성공, 그러나 다시 기울어지기를 수없이 반복한다. 위에는 아부하고 아래에는 냉대하는 성품을 시정하면, 어느 정도는 실패를 미연에 방지할 수 있을지 모른다.

水木水 머리가 좋다. 지모가 출중해 대사를 능히 수행해 나갈 역량도 갖추었다. 강한 자존심만 조절할 수 있다면, 부귀영화를 이룩해 내기란 어렵지 않다. 상하의 은덕 두텁고 처자의 내조 또한 크다.

水火木 중도좌절, 실의의 역경을 모면하기 어렵다. 재치도 있고 역량도 있으나 상부의 신망을 얻기는 어렵다. 처자의 음덕에 힘입어, 만회하기는 하나 중도좌절을 되풀이하지 않으려면, 첫째 기회를 놓침이 없어야 하고, 둘째 돌다리도 두들겨 보고 건너는 신중성이 따라야 한다.

水火火 초반의 운기는 그런대로 안강하다. 그러나 후반의 운기는 파란만장의 한마디로 끝난다. 포부도 크고, 머리도 좋으나, 운이 도무지 따라주지 않는다. 결국은 정신만 병들어 운명을 비관하다 자살까지 생각하기에 이른다.

水火土 중도좌절. 머리는 있는데 꼬리는 없다. 초반은 길하나 후반은 흉하다. 묘하게도 활동을 하면 할수록 파란이 중첩, 어쩔 수 없이 중도에서 손을 놓을 수밖에 없다. 그 결과 세상을 한탄하고 불평불만을 일삼다가 평생을 마치게 된다.

水火金 좌충우돌 안하무인격. 과격한 행동이 급변과 흉운을 자초하여 무엇 하나 이루어지는 것이 없다. 평생을 통해 그렇다. 가정운도 좋지 않고, 도와주는 사람도 없다. 결국은 고통과 비애 속에 평생을 마칠 뿐이다.

水火水 숨을 돌릴 사이 없이 온갖 재난이 들이닥친다. 거기다가 육친이 또한 무덕하다. 백전불굴의 패기라도 있는가 하면 그런 것도 아니다. 부초처럼 살다가 부초처럼 사라져가는 운기의 인생이다.

水土木 계획이 빗나가기 쉽고, 부부연이 온전치 않다. 머리는 좋으나 고작 논쟁에나 소용될 뿐, 대사를 도모할 감은 못된다. 전전유랑, 비애 속에서 평생을 마친다. 가정운 또한 나쁘다.

水土火 매사에 장애가 많아 능력을 제대로 발휘하지 못한다. 그렇기는 하나, 지닌 바 인내력을 최대로 발휘, 전진에 전진을 쉬지 않으면 어느 정도의 길운은 잡을 수 있다. 형제는 있어도 있으나마나이고, 오직 처자의 도움으로 평운은 유지할 수 있다.

水土土 만시지탄은 면치 못하더라도 말년은 그런대로 편안하다. 명예욕이 남달리 강하여 큰 뜻을 이루어 내려고, 갖은 노력을 다하나, 운기가 비색하여 이루어지는 것이 하나 없다. 실의 속에 지내다가 말년에 겨우 안정을 얻게 된다.

水土金 파란중첩. 인내와 노력으로 길운을 붙잡아 보려고 하지만 역부족, 비애의 눈물만 흘릴 뿐이다. 그러나 정도의 바른 마음과 예의를 갖췄으니 그나마 강점이라 할까. 그렇게 쌓인 덕과 처자와 부하를 아낀 여덕으로 평복은 누릴 수 있다.

水土水 고집불통, 만사실패, 육친무덕, 상충하돌, 가족반목, 오만무례하니 명예심만 강했지 그 운기가 어떠하리라는 것은 불문가지라 하겠다. 수 또한 온전치 못하다.

水金木 전반운은 그런대로 좋다. 그러나 후반운은 볼 것이 없다. 속성속패. 성공해도 오래 가지 못해 사해에 드날렸던 명성도 한때의 꿈으로 끝난다. 가정불화는 모면할 길이 없다.

水金火 불 같은 추진력과 과단성으로 큰 뜻을 펴 성공을 했다 할지라도 급전직하, 전락의 길을 걷게 된다. 가정운도 좋지 않고, 대인관계도 과격한 성격 때문에 원만을 기하기 어렵다. 단, 정도에 힘쓰면 어느 정도의 발전은 할 수도 있다.

水金土 만사가 뜻과 같고, 부귀영화가 나의 것이다. 이지와 용맹, 결단력과 실천력 모든 장점을 두루 갖춘 위에, 오로지 바른 길만을 걸으니 부귀영화가 따를 것은 말할 것도 없고, 그 여경이 자손에까지 미친다.

水金金 재물이 가득하고, 자손이 번성하는 좋은 운기를 지녔다. 일로 매진하는 맹렬한 기상은 독선적인 결함을 띨 때도 있으나, 어떠한 난관도 이를 돌파, 대업을 이룩

해 내고야 만다. 그렇더라도, 과강(過剛)하면 중절이라는 이치만은 꼭 유념해야 할 것이다.

水金水 내외화평, 상하융화, 명진사해, 만사형통, 자손영화, 외강내유형으로 정직과 용기, 과단의 장점을 살려 마음만 먹으면 이루어 내지 못할 것이 없다. 학술·예능에도 조예가 깊다. 단, 운기가 지나치게 길하고 강하니 매사를 자중하는 것도 필요하다.

水水木 사교적이다. 가정에 충실하며, 종사하는 일은 기예·상업 방면이 바람직하다. 요령이 좋아 출세의 길이 빠르고 입신양명, 자수성가하며 모든 것이 뜻대로이다. 분발 여하에 따라서는 사회적으로도 상당한 지위를 쟁취해 낼 수도 있다.

水水火 육친이 무덕하다. 성공을 기대할 수 없는 것은 아니나 과격한 성품으로 인해 역경을 자초, 고난의 길을 걷게 된다. 가정에서는 폭군이요, 아랫사람에게는 냉정하다. 인성을 개조하지 않으면 말로는 비참하다.

水水土 가정불행, 병액, 재난이 연이어 들이닥친다. 성품은 간사하고 색정적이다. 하나에서 열에 이르기까지 정도가 아닌 사도를 걷는 사람이라 할까. 선조의 유덕마저

없어 남에게 의지하고 신세만 지다가 사라져간다.

水水金 정열과 지혜가 있으니 대사도 능히 이룩해 낼 수 있다. 육친은 화합하고, 어진 아내의 내조 또한 다대하다. 처세에 특히 능하여, 탁월한 지능과 함께 경륜하는 일이 크면 클수록 백배의 능력을 발휘한다.

水水水 대지(大智)는 성골(聖骨)이요, 소지(小智)는 천골(賤骨)이다. 선천운인 사주가 대국일 때는 큰 인물로 조화가 무궁무진할 것이요, 선천운이 소국일 때는 보잘 것없는 소인으로 전락하여 사고무친, 자손불효, 게다가 성격마저 편벽하다.

6. 삼원오행(三元五行)과 건강

이름의 6대 요소 중에서 삼원오행(三元五行)이 건강을 지배하는 내용을 살펴보자. 삼원오행은 이름의 한자 획수(P.287)를 참고하여 아래와 같이 계산하고 그 수를 오행으로 정한다.

수	오행	삼원오행		
		洪	吉	童
1·2	木	A	B	C
3·4	火	10	6	12
5·6	土	利(A+C)	亨(A+B)	元(B+C)
7·8	金	2(22)	6(16)	8(18)
9·10	水	木	土	金

五行 \ 器官	木	火	土	金	水
오장 (五臟)	간장 (肝臟)	심장 (心臟)	위장 (胃臟)	폐 (肺)	신장 (腎臟)
육부 (六腑)	담낭 (膽囊)	소장 (小腸)	비장 (脾臟)	대장 (大腸)	방광 (膀胱)
계통 (系統)	신경 (神經)	순환 (循環)	소화 (消化)	호흡 (呼吸)	배설 (排泄)

木木木 건강하다. 장수 또한 어렵지 않다. 단 간장, 담낭, 풍병, 그리고 노이로제, 우울증 등 신경계통의 질환에도 주의할 필요가 있다.

木木火 건강하다. 단 혈압, 눈에 관계되는 질환의 암시가 있다. 이를 경계할 때는 장수도 무난하다.

木木土 비장, 위장에 관계되는 질환에 약하다. 수족에 상처를 입을 우려도 보인다. 그러나 염려할 정도는 아니다. 장수도 바라볼 수 있다.

木木金 건강한 체질이라고는 할 수 없다. 뇌, 호흡기관, 신경계통의 질환에 특히 주의할 필요가 있다. 뇌에 관계되는 질환으로는 뇌염, 신경계 등에 관계되는 노이로제, 우울증, 불면증 등이다.

木木水 대체적으로 질환에 대한 저항력이 강하다. 그렇더라도 신경계통, 담낭, 간장, 신장에 관계되는 질환과 풍병, 귓병 등의 질환에 대해서는 특히 경계할 필요가 있다.

木火木 심신이 건강하고 또한 장수한다. 혈압, 눈, 심장에 관계되는 질환에는 약하다. 그리고 색난으로 인하여 건강을 해칠 우려가 있다.

木火火 병약의 암시가 강하다. 주의해야 할 질환은 심장병, 고혈압, 눈병이다. 특히 고혈압은 뇌일혈을 불러올 위험까지 있다.

木火土 건강한 체질에 무병하고 장수 또한 어렵지 않다. 그렇더라도 성장과 눈에 관계되는 질환에 대해서는 경계할 필요가 있다.

木火金 폐장, 대장에 관계되는 질환을 위시하여 뇌, 호흡기에 관계되는 질환에 쉽게 걸릴 암시가 있다. 뿐만 아니라 피부병도 경계해야 할 질환의 하나다.

木火水 신경계통, 심장, 소장에 관계되는 질환으로 고생하는 암시가 있고 혈관 경화증을 불러올 암시 또한 보인다.

木土木 폐장, 위장, 비장에 관계되는 질환을 경계하라 하였다. 거기에 난치병의 염려까지 있으니 견뎌낼 재간이 없다. 결국 신경쇠약이 도져 발광을 하는 예도 드물지 않다.

木土火 심장, 위장, 비장에 취약점이 있다. 거기에 호흡기 질환, 고혈압의 위험까지 있다. 단 수리 구성이 좋을 때는 어느 정도 구제를 받을 수 있다.

木土土 폐장, 위장에 약점이 있다. 눈에 관계되는 병도 마음 놓을 수 없는 병의 하나이다.

木土金 뇌에 관계되는 질환을 비롯하여 위장, 폐장에 관계되는 질환에 주의할 필요가 있다. 개중에서도 특히 무서운 것은 폐환이다.

木土水 신장, 방광에 관계되는 질병을 경계해야겠다. 게다가 뇌일혈, 심장마비 등으로 급환을 만날 암시마저 있다. 위장도 튼튼한 편이 못된다.

木金木 간장, 폐장, 담낭에 취약점이 있다. 그리고 코에 관계되는 질병도 주의해야 되겠다. 워낙 과로하기 쉬운 체질이다.

木金火 호흡기 계통, 코에 관계되는 계통의 질환에 잘 걸릴 암시가 있다. 그러나 그보다도 경계해야 할 것은 노이로제, 우울증 등 신경계통의 질환이다. 심지어 발작, 자살에 이르기까지도 한다.

木金土 노이로제, 우울증 등 신경계통의 질환을 가장 경계해야 하겠다. 발작으로까지 발전할 수 있고 풍병, 간장 질환의 암시마저도 있다.

木金金 잘 걸리기 쉬운 질환은 뇌질환, 풍병이다. 노이로제, 우울증, 불면증 등 신경계통의 질환도 경계하지 않으면 안 되는 것으로 나타나 있다.

木金水 가장 주의해야 할 질환이 고혈압과 뇌일혈이고, 그 다음이 풍병이다. 풍병이란 신경계통의 장애로 생기는 온갖 병을 통틀어 이르는 말이다. 흔히 바람이라고들 한다.

木水木 신장을 비롯하여 폐장, 방광, 골격에 관계되는 병에 신경계통의 질환까지 겹쳤다. 그러나 대개는 큰 병에까지 이르지 않는다.

木水火 뇌에 관계되는 여러 가지 질환과 심장병이 주병이 되고 있다. 이 모두 가벼운 증세로 시작하여 생명을 위협하는 무서운 질환들이다.

木水土 방광, 신장에 취약점이 있다. 신장이 나쁘면 혈압도 올라가게 마련이다. 술은 금물, 각별한 건강관리가 요망된다.

木水金 신경계통의 질환과 풍병이 주병을 이루고 있다. 풍병 역시 신경과 관계 있는 질환이므로, 신경강화에 대한 대책이 있어야겠다.

木水水 담낭, 간장, 방광에 관계되는 질환의 암시가 있다. 거기다 호흡기관도 좋지 않다.

火木木 건강할 뿐만 아니라 장수도 한다. 단 심장병과 혈압에는 조심해야겠다. 특히 혈압이 비정상일 때는 주어진 장수도 누리기 어렵다.

火木火 신체강건, 장수를 보장받고 있는 좋은 암시이다. 그러나 혈압과 기관지에 주의할 필요가 있다.

火木土 심신이 건전하다. 따라서 장수도 어렵지 않다. 단 위장과 비장에 약점이 있다면 있다 할 수 있으므로 이 점은 유의해 둘 필요가 있겠다.

火木金 급한 성격이라 그런지 신경병, 정신병을 조심하지 않으면 안 되겠다. 뇌일혈, 뇌빈혈, 그리고 흉부질환에 대한 염려도 없지 않다.

火木水 신장, 방광의 질환에 조심하여야겠다. 이밖에도 혈액 속에 화농균이 들어가 생기는 패혈증에 걸릴 암시 또한 있다.

火火木 무병식재, 건강도 좋을 뿐더러 장수 또한 한다. 단 간

장, 심장, 대장에 조심할 필요가 있다.

火火火 심장을 비롯하여 혈압에 각별한 관리를 해야만 한다. 소장, 혈관에 관계되는 질환, 눈에 관계되는 질환도 마찬가지다.

火火土 위장, 심장에 취약점이 있다. 물불을 가리지 않는 과격한 성격, 이는 분명 병은 아니다. 그러나 그 같은 성격이 건강과 불가분의 관계가 있다.

火火金 호흡기 질환과 폐질환에 조심하여야겠다. 과로하기 쉬운 체질로 대장질환, 피부병의 염려도 있다.

火火水 심장병(특히 심장마비)을 위시하여 뇌일혈(중풍)에 주의하여야겠다. 급사의 염려까지 있기에 말이다.

火土木 위장을 비롯한 복부의 질환이 주병이 되어 있다. 그러나 느긋한 성미로 건강관리에 유의하면 능히 이를 극복할 수 있을 것이다.

火土火 건강하다. 장수도 한다. 그러나 심장관리, 위장관리를 게을리 하지 않을 때의 이야기이다.

火土土 건강은 나무랄 데 없으나, 위장과 비장이 좀 약하다. 건강이 우선되어야 장수도 할 수 있다.

火土金 위장과 폐장에 약점이 있다. 원래가 다병 다질, 강건한 신체가 못된다. 평소 꾸준한 건강관리가 요망된다.

火土水 신장, 방광에 취약점이 있다. 거기에 위장병, 심장병, 뇌일혈까지 겹치고 있다. 급사의 암시까지 있으므로 주의를 요한다.

火金木 첫째 폐장, 심장이 좋지 않다. 거기에 신경병, 정신병의 염려마저 있다. 심지어 발작, 자살의 위험마저 있다.

火金火 호흡기관이 좋지 않다. 그러나 그보다도 염려되는 것은 신경계통의 병과 정신병이다. 그것도 발작, 자살, 변사의 위험에까지 이른다.

火金土 호흡기관에 취약점이 있다. 다음은 뇌에 관계되는 질환인데, 질환 중에서도 가장 까다롭고 무서운 것이 이 뇌질환이다.

火金金 흉부의 폐장, 늑막에 취약점이 있다. 기관지의 염려

또한 있으나, 그보다도 염려스러운 것은 신경과나 정신과에 속하는 질환이다.

火金水 심장과 폐장이 좋지 않다. 심장마비, 뇌일혈의 위험 또한 없지 않다. 발작, 자살, 급사의 암시마저도 보인다.

火水木 심장, 폐장, 그리고 신장 모두가 좋지 않다. 눈 질환의 염려도 있을 뿐더러, 광적인 신경병, 정신병에 대한 암시 또한 보인다.

火水火 심장이 좋지 않다는 것만이 아니라 뇌일혈, 심장마비의 위험까지 보이고 있다. 뿐만이 아니고 발작, 자살의 위험마저 있다.

火水土 신장, 심장, 위장이 모두 좋지 않다. 다병, 허약한 체질로, 눈에 관계되는 질환을 위시하여 잔병이 많다. 여간해서는 장수하기 어렵다.

火水金 폐장, 심장에 취약점이 있다. 뿐만 아니라, 다른 기관도 튼튼하지가 못하여 걸핏하면 병원 출입을 하게 된다.

火水水 심장, 신장이 약하니 이에 연관된 모든 장부가 약할 수밖에 없다. 따라서 온전한 건강을 바라기 어렵다.

土木木 위장이 좋지 않다. 신경통의 암시 또한 없지 않고, 노이로제 등 신경과 계통의 질환 또한 염려스럽다.

土木火 위장이 좋지 않다. 거기에 근육통의 암시가 있고, 신경과 계통의 질환 또한 결코 가볍지 않을 것이다.

土木土 위장병의 염려가 있다. 게다가 신경과 계통의 노이로제, 우울증, 불면증 등의 암시가 보이고, 이밖에도 많은 병을 겪지 않으면 안 될 것이다.

土木金 먼저 신경정신과 계통의 질환을 들 수가 있다. 위장도 튼튼한 편이 못되고 비장도 실한 편이 못된다. 다병하다.

土木水 신경정신과 계통의 질환이 염려스럽다. 이 계통의 병은 곧바로 손을 쓰지 않으면 돌이킬 수 없는 질병으로 굳어지게 된다. 위장도 좋지 않다.

土火木 심장이 약하다. 다음은 신경정신과 계통의 질환이 염려스럽다. 이를 극복했을 때는 장수도 어렵지 않다.

土火火 위장, 심장이 약하다 그리고 또 급진적인 성격에서 흔히 보는 내구력의 결핍으로, 스스로 병을 불러오는 경향 또한 없지 않다. 우선 먼저 술과 색정부터 삼가야겠다.

土火土 심장이 약하다. 혈압이 또한 높아 뇌일혈의 염려가 있다. 그 점만 조심하면 이렇다 할 질환은 없다. 단 눈의 질환만은 주의할 필요가 있다.

土火金 호흡기관이 좋지 않다. 위장도 튼튼한 편이 못되고 치질, 피부병으로 고생하는 암시가 또한 보인다.

土火水 신장, 심장이 좋지 않다. 심장마비, 뇌일혈의 염려도 없지 않다 하였으나 그보다도 경계해야 할 것은 걷잡을 수 없는 광기이다.

土土木 위장을 비롯한 복부 계통이 약하다. 신경정신과 계통의 질환으로 고생할 암시가 또한 보이므로, 이 점에 유의할 필요가 있다.

土土火 건강하다. 오장육부가 하나같이 건강하여 이렇다 할 병을 모르고 일생을 보낼 수 있다. 그러니 장수도 틀림 없다.

土土土 운세가 평탄 무고하듯, 건강에 있어서도 이렇다 할 결함을 찾아볼 수 없다. 단 위장병과 콧병을 앓을 염려가 있다.

土土金 건강하다. 위와 기관지가 다소 말썽을 부릴는지 모르나, 대체적으로 무병무양, 장수를 누릴 수 있다.

土土水 신장, 방광에 취약점이 있다. 뿐만 아니라 위장도 튼튼한 편이 못되고, 심장마비, 뇌일혈로 급사할 위험이 보이고 있다.

土金木 위장, 폐장이 약하다. 그밖에도 난치병에 걸릴 염려가 있으며, 신경정신과 계통의 노이로제, 우울증, 불면증에 걸릴 염려 또한 없지 않다.

土金火 호흡기관과 심장이 약하다. 거기에 비색한 운세에서 오는 정신적인 부담이랄지 노이로제, 우울증, 불면증 등 신경질환의 암시도 보인다.

土金土 건강하다. 장수도 한다. 단 호흡기관과 위장이 그다지 튼튼하지 못하므로 건강관리 여하에 따라, 장수를 하느냐 못하느냐가 결정된다고 보는 것이 옳겠다.

土金金 호흡기관과 비장이 약하다. 비장은 달리 관리하기로 하더라도, 담배부터 끊어놓고 보는 것이 건강관리의 지름길이 될 것이다.

土金水 신장과 위장이 약하다. 그러나 평소 건강에 주의하기만 하면 큰 병에 이르지는 않겠다. 단 상해, 급사의 흉암시만은 경계해야 한다.

土水木 신장, 위장, 폐장 모두가 좋지 않다. 건강에 성한 날이 없어 사흘이 멀다 하고 병원 나들이를 해야 할 것이라 하였다.

土水火 심장을 비롯한 순환기 계통에 결함이 있다. 그뿐만 아니라 방광에 관계되는 질환이 또한 염려스럽다.

土水土 신장이 좋지 않다. 황달을 앓는 암시가 보이고, 뇌일혈, 심장마비의 위험이 있다 하였으니 횡사할 염려가 있다.

土水金 신장, 위장, 방광계통의 병에 걸리기 쉬운 암시가 있다. 그러나 그것은 드러난 병이고, 비색한 운세 못지않게 건강운 또한 보잘것 없으니 잔병으로 고생을 한다.

土水水 신장이 약하다. 운세가 파란중첩, 되는 일이 없어서 그런지 노이로제, 우울증 등 신경정신과 계통의 질환으로 고생한다.

金木木 간장병, 호흡기 질환의 염려가 있고, 노이로제, 우울증 등 신경정신과 계통의 질환에 시달리는 암시가 보인다. 건강상태도 운세만큼 나쁘다.

金木火 폐질환의 암시가 있다. 그러나 그것은 발작, 뇌병, 신경쇠약 등의 병에 비하면 병도 아니다. 급사, 단명의 암시까지 보이기에 말이다.

金木土 위장병으로 고생하는 암시가 있다. 호흡기관도 좋지 않고, 신경정신과 계통의 병이 또한 여간 괴롭히려 들지 않을 것이라 하였다.

金木金 풍병의 염려가 있고, 호흡기관 또한 좋지 않다. 거기에 노이로제, 우울증, 신경과민 등 신경정신과 계통의 질환까지 겹쳤다. 발작, 급사의 위험까지 보인다.

金木水 간장, 담낭이 좋지 않다. 호흡기관도 좋지 않고 노이로제, 우울증, 불면증 등으로 신경 또한 온전치가 못하다. 단명의 암시까지 보인다.

金火木 첫째 신경이 온전치 못한다. 이밖에도 폐, 위장, 심장이 좋지 않다. 한마디로 최악의 건강 상태라고 해도 과언이 아니다.

金火火 신경상태가 매우 좋지 않다. 폐와 기관지가 온전치 못하다는 암시도 보인다.

金火土 폐질환의 염려가 있다. 신경정신과 계통도 좋지 않다. 발작, 자살의 위험까지 있을 것이라 하였다.

金火金 신경정신과 계통이 좋지 않다. 발작, 자살의 염려까지 보인다. 그밖에도 심장, 호흡기 질환의 암시도 있다.

金火水 심장마비, 뇌일혈의 암시가 있다. 신경정신과 계통 또한 좋지 못하다. 급사의 위험까지 보인다.

金土木 위장, 비장이 좋지 않다. 비장은 위 뒤쪽에 위치한 검붉은 색의 장기로, 백혈구를 만들고 묵은 적혈구를 파괴하는 기능을 맡고 있다.

金土火 위장, 심장병 관계만 조심한다면 건강에 큰 관계는 없겠다. 뇌일혈도 조심할 필요가 있다. 그러나 이 점만 유의하면 장수한다.

金土土 건강도 좋고 장수도 한다. 그러나 위에 취약점이 있는 것 같고, 특히 여성은 자궁에 관계되는 병에 걸리기 쉽다.

金土金 건강도 나무랄 데 없고 장수도 무난할 것 같다. 단, 위와 비장이 약하므로, 이의 보강에 노력할 필요가 있다.

金土水 신장, 방광이 좋지 않다. 또 돌발사고로 인한 급사의 암시도 보인다. 건강관리도 잘해야 하지만, 사고 발생에 대한 경계도 게을리 해서는 아니 되겠다.

金金木 간장, 폐장도 좋지 않고 담낭 또한 좋지 않다. 거기에 풍병의 암시마저 있고, 신경정신과 계통의 여러 가지 병중에 대한 염려도 보이고 있다.

金金火 폐장, 심장이 좋지 않다. 거기에 다시 뇌일혈의 위험이 보이니 각별히 조심해야겠다.

金金土 위장이 좋지 않다. 뿐만 아니라 호흡기 계통도 튼튼하지 못하다. 그러나 이 점만 유의하면 큰 병은 없이 장수한다.

金金金 폐가 약하다. 약하다는 정도가 아니라, 폐질환의 암시가 뚜렷하다. 기관지도 위험하니 그 계통에 집중적인 건강관리가 필요하다.

金金水 신장이 약하다. 신장이 약하면, 신장염, 신장결석, 신장암 등을 유발하기 쉽다. 그러나 이 점만 유의하면 큰 병은 없이 장수한다.

金水木 체질부터가 병약하다. 거기에 신장, 폐장이 특히 약한 암시가 보인다. 그러나 이 점만 유의하면 큰 병은 없이 장수한다.

金水火 폐를 비롯하여 호흡기 계통의 기관이 약하다. 심장이 좋지 않다는 암시도 보인다. 뿐만 아니라 급변, 급사의 위험까지 보이고 있다.

金水土 신장질환의 우려가 있다. 방광도 좋지 않고, 당뇨병의 위험까지 보인다. 당뇨병은 꾸준한 건강관리로 예방할 수 있다.

金水金 병약한 체질이기는 하나, 크게 주의해야 할 곳은 별로 없다. 그렇더라도 신장, 방광 계통에 대해서만은 꾸준한 관리가 필요하다. 이 점만 유의하면 큰 병은 없이 장수한다.

金水水 건강한 체질이 아니다. 그렇다고 이렇다 할 병이 있는 것도 아니다. 다만 신장, 방광 계통의 질환에 대해서만은 미리 예방책을 강구해야 될 것이다.

水木木 건강하다. 장수도 한다. 그러나 신장질환에는 신경을 써야 하겠고, 신경정신과 계통의 여러 병증에 대해서도 각별한 관리가 필요하다.

水木火 허약 다병한 편이다. 그런 중에서도 심장이 특히 약하다. 귀에 관계되는 질환의 염려도 보인다. 이 점만 유의하면 큰 병은 없이 장수한다.

水木土 심신이 모두 온전하다. 위와 비장 계통의 질환에만 주의하면 이렇다 할 병 없이 장수를 바라볼 수 있다.

水木金 폐장이 약하다. 따라서 폐질환이 염려스럽다. 그러나 그보다도 우려 되는 것은 신경정신과 계통이다. 첫째 신경이 지나치게 과민하다.

水木水 간장과 담낭에 취약점이 보인다. 그러나 큰 병을 앓는 일은 거의 없다. 건강관리에 실수만 하지 않으면 장수 또한 바라볼 수 있을 것이다.

水火木 심장질환, 심장마비의 염려가 있다. 뇌일혈의 위험에

안과 질환의 암시 또한 보인다. 그런가 하면 자살·변사·급사의 암시 또한 보이고 있다.

水火火 심장질환, 심장마비의 암시가 있다. 거기에 뇌일혈의 위험까지 겹쳤다. 한편 자살의 위험마저 있으므로 항상 생명의 위험 속에서 살 수밖에 없다.

水火土 심장질환, 심장마비, 뇌일혈의 암시가 있다. 귀에 관계되는 질환도 소홀히 다루어서는 안 될 것이다.

水火金 폐질환, 심장질환, 뇌일혈의 암시가 보인다. 대장도 온전치 못할 것이라 하였다. 심지어 자살, 변사의 암시까지 엿보인다.

水火水 심장질환, 심장마비, 뇌일혈의 염려가 있다. 장질환의 암시도 있어, 웬만한 건강관리를 가지고는 생명을 부지하기 어렵다.

水土木 위, 신장에 취약점이 있다. 폐질환의 암시도 보이고 귓병의 암시도 보인다. 한마디로 많은 질병 속에서 일생을 보내는 건강운이라 하겠다.

水土火 귀의 질환, 방광질환, 신장질환의 암시가 보인다. 그러나 그보다도 염려스러운 것은 뇌염·뇌종양·뇌경색 등의 뇌질환이다.

水土土 신장질환, 방광질환, 장질환, 그리고 귀질환의 암시가 있다. 따라서 건강을 유지하려면 그만큼 건강관리에 철저를 기하여야 할 것이다.

水土金 위를 비롯하여 비장, 방광에 취약점이 있다. 과로하기 쉽고, 질병에 약한 체질이므로 예방 제일주의로 체력부터 단련할 필요가 있다.

水土水 위, 비장, 방광, 귀에 취약점이 있다. 특히 소화기관인 위장질환은 고질로 발전할 염려가 보인다. 폐질환, 간장, 담낭에 관계되는 질환도 마음을 놓아서는 안 될 것이다.

水金木 간장, 폐장, 담낭에 관계되는 질환을 경계하라 하였다. 신경정신과 계통의 노이로제, 우울증, 불면증 등도 마음을 놓아서는 안 된다.

水金火 폐질환에 주의할 필요가 있고, 대장에 대한 질환 또한 조심해야 할 것이라 하였다. 그밖에도 심장 마비, 뇌일혈 등으로 급사할 암시가 보인다.

水金土 건강하다. 장수 또한 어렵지 않다 하였으나, 당뇨병의 암시가 있고 귀에 관한 질환 또한 경계해야 할 것이다.

水金金 대체적으로 귀의 질환이 염려될 뿐, 건강 장수한다. 이는 수리의 4대격부가 길운을 이루고 있을 때의 이야기이다. 수리 구성이 좋지 않을 때는 다병하다.

水金水 폐질환, 늑막염 등 흉부 질환이 염려될 뿐, 다른 부위는 비교적 건강한 편이다. 수리 구성이 좋을 때는 큰 병에 이르기 전에 구제될 수 있다.

水水木 간장, 신장, 방광 계통의 질환에 주의할 필요가 있다. 귀에 관계되는 질환 또한 가볍게 보아서는 안 될 것이라 하였다. 대체로 건강하다.

水水火 심장질환을 무엇보다도 경계하지 않으면 안 된다. 신장질환 또한 가볍지 않을 것이라는 암시가 보인다.

水水土 신장에 취약점이 보인다. 귀에 관한 질환의 암시 또한 엿보이니 결국은 다병하여 좋은 건강을 누리기는 어렵다.

水水金 폐질환, 장질환의 암시가 있다. 그러나 이 점만 유의하여 예방하고 건강관리에 힘쓰면 장수할 수도 있다.

水水水 신장질환, 방광질환을 경계하라 하였고, 이 경우의 질환은 대개 치명적인 난치병으로 발전, 생명을 위협하는 수가 많다.

제 2 부
이름과 인생

1. 이름과 성격 179
2. 이름과 연애 196
3. 이름과 직업 206

1. 이름과 성격

◉ 부호도식

A B C 洪 吉 童	성자 .... A 이름의 위 글자 .... B 이름의 아래 글자 C

◉ 원·형·이·정의 지배 운

격	별칭	도시	지배운	요점
원	지	B+C	초년	○ 유·소년의 운명을 지배한다. ○ 연애·섹스·행동 면의 특징을 주관한다.
형	인	A+B	청년	○ 청년의 운명을 지배한다. ○ 성격·운세·포부를 주관한다.
이	천	A+C	장년	○ 장년의 운명을 지배한다. ○ 직업운·애인관계·결혼 후의 운명을 주관한다.
정	총	A+B+C	말년	○ 일생의 총합적인 운세를 지배 또는 유도 암시한다. ○ 말년운, 여성에 있어서는 결혼 후의 가정운을 주관한다.

A+B	1	의 성격

남성 이 타입의 특징은 독창성·계획성·견실성에 있다. 다시 말하면 독창적인 두뇌로 계획을 세우고 그 계획에 따라 정확한 걸음걸이로 차근차근 전진해 나아간다. 따라서 비상 발달 같은 것을 바란다는 것은 무리일 것이다. 그 대신 꾸준한 노력을 밑천으로 하여 인생의 승자가 된다는 보증수표를 지니고 있다.

그리고 이 타입은 독립성이 강하여, 무슨 일이든 독자적으로 도모하는 편이기는 하나, 견실 제일주의로 나아가는 까닭에 큰 실패는 없다.

또 표면은 이를 데 없이 부드러우나 내부는 그와는 반대로 이를 데 없이 완고하기도 하여, 자기주장을 굽히는 일이 없다.

스스로 납득이 가지 않는 일에 대해서는 절대로 양보하지 않는다. 때문에 융통성이 없는 사람이라는 비난을 받기 쉽다. 타협을 해야 할 때는 타협을 하는 것이 개운에 좋은 결과를 가져온다는 것을 기억해 두는 것이 좋다. 하지만 마음과 같이 타협을 쉽게 할 수 없는 것이 또한 이 타입의 특징이라 하겠다. 그래서 [1]의 계열의 사람 가운데는 편벽한 성격을 가진 사람이 많다. [21], [31]의 남성은 강한 지배욕으로 권위 방면에서 성공하는 예가 많다. 부하를 다루는 솜씨도 능숙하고 출세도 빠르다.

4대격부의 수리에 이렇다 할 결함이 없으면 평생을 평온무사 속에서 보낼 수 있다. 그리고 특히 [21]의 남성은 여성을 좋아하는 경향이 있다.

여성 이 타입의 여성에는 미인이 많다. 굳이 미인이라 할 정도는 아니라 할지라도 보통 수준 이상의 용모는 열에 열 지니고 있다. 그래서인지는 모르나 자신의 용모에 관하여 지나치게 신경을 쓰는 경향이 있다. 신경을 쓰는 것은 좋으나, 이 말은 곧 자신의 용모에 자신을 가지지 못하고 있다는 말도 되므로, 한번은 자신을 반성해 볼 필요가 있다. 그리고 그 같은 경향은 시기와 질투를 불러오는 근원이 되기 쉬우므로, 이 점에 대해서는 특히 유의할 필요가 있다.

그리고 이 타입의 여성은 사랑 제일주의로 나아가는 여성이 결코 아니다.

[21]의 여성은 운기가 지나치게 강하여 가정운이 좋지 않으니 유의해야 한다.

A+B	2	의 성격

남성 한마디로 말해 외유내강의 타입이다. 표면은 그럴 수

없이 부드럽고 이해에 구애됨이 없이 남의 일을 잘 봐주기도 하나, 마음속 깊은 심부에는 강철 같은 심지가 박혀 있다.

그리고 금전 면에 있어서도 야무지고 자신의 운명은 자신이 개척해 나가야 한다는 주관 또한 뚜렷이 서 있기도 하다.

고생을 하다가도 일단 호운을 만나게 되면, 성공가도를 달리는 파인 플레이를 보여주기도 하나, 어느 편이냐 하면 독립적인 일을 밀고 나가는 데에는 역부족인 점이 있는 것 같다. 그래서 이 타입의 본령은 어디까지나 이상적인 보좌역에 있다. 그리고 앞에서도 말했듯이 표면상으로는 한없이 부드러우나, 그 부드러운 면 한 꺼풀 밑에는 신경질과 의심, 질투 등 환영할 수 없는 성격적 결함이 도사리고 있다.

뿐만 아니라 명랑한 만큼 고독성도 강하여 혼자 있을 때는 공연한 자기 모멸감으로 자학을 일삼는 경향이 있다. 이것이 평생 괴롭히는 성격상의 고질이라 하겠다.

[12]의 남성은 남성다운 매력이 넘치지만 신경질적인 불평불만형이다. [22]의 남성은 허영과 허식의 공상 속에 살며, 먹고 마시기를 좋아하는 경향이 있다. [12], [22] 모두 웬만한 실패로는 포기하지 않는 저력을 가졌다.

그리고 금전에 대한 관념이 남달리 강하다. 따라서 그

계통으로 나아가면 성공이 빠르다.

여성 남성과 마찬가지로 겉보기 하나만을 가지고 볼 때는 온화한 성격, 왕성한 활동력, 허위를 모르는 정직성 등 하나도 나무랄 데 없는 좋은 타입이다. 그러나 마음속 깊은 곳에는 그와 같은 외견과는 달리 항상 질투의 불길이 타고 있다. 그것도 개운의 에너지로 전환하여 활용하기에는 도무지 도움이 되지 않는 악성의 허영에 뿌리를 박고 있는 경우가 많다. 그와 같은 결점만 시정한다면 애인으로, 또는 아내로서 남성이 가장 좋아하는 여성이 될 수 있다. [12], [22]의 여성은 미인이다.

A+B	3	의 성격

남성 성격에 표리가 있는 것이 치명적인 결점이다. 타오르는 불길처럼 화려한 꿈을 안고 일로 매진하다가도 어느덧 뒤로 물러앉아 버리고 만다. 그리고 또 성질이 묵직하지 못하여 아무 일에나 덤비고 화를 낸다. 웬만한 비방 중상에는 까딱도 하지 않는 것은 장점이라 하겠으나, 이보다 누드러신 상섬은 성식성에 있다. 정직한 사람은 대개 융통성이 없게 마련이다. 융통성이 없기 때문에 덤비기를 잘하고, 발끈하기를 잘하는 것인지도 모

르겠다. 아무튼 이 타입은 언제 어느 누가 보아도 부끄럼 없는 떳떳한 일만을 찾아 일로 매진한다. 그리고 또 오늘 일을 내일로 미루는 일이 절대로 없다.

대사에는 원래 기복이 따르게 마련이다. 이 기복을 극복해 나가려면 지략도 물론 필요하겠지만 그에 앞서, 무엇보다도 먼저 묵직한 신경이 필요하다. 그런 점에서 볼 때 대사를 경륜하기에는 어딘가 부족한 감이 없지는 않다. 그러나 조리가 닿는 변설이나 개성적인 매력은 밉지 않은 인간으로 개운에 크게 보탬이 될 것이다.

여성 여성 역시 남성에 있어서와 마찬가지로 신경질이 대단하다. 용모도 보통 수준 이상이고, 활동력도 남자 이상이어서 매사에 좋은 인상을 주기는 하나, 신경질과 질투가 모처럼의 좋은 면을 망쳐 놓고 마는 수가 많다. 신경질과 질투가 심한 사람은 일견 강인한 듯 보이지만 약한 일면을 가지고 있는 뜻이다. 남성이 이 말 저 말 달콤한 말을 가지고 대해 오면, 그 속에 감추어져 있는 것은 전혀 아랑곳하지 않고 모든 것을 그 앞에 내어놓고 마는 경망함을 다분히 지니고 있다. 이 점은 반드시 고칠 필요가 있다. [23], [33]은 여성에겐 너무 강한 운기로 가정운이 좋지가 않으니 이 점 유의해야 한다.

| A+B | 4 | 의 성격 |

남성 복잡한 성격의 소유자라 할까, 안개가 가리어 있는 듯 애매한 성격을 가지고 있다. 성격이 불투명하며, 무슨 일을 당해도 이렇다 할 표정을 밖으로 내비치는 일이 도무지 없다. 표정이 없다는 것은 자기 주관이 없다는 것과도 통한다. 그렇다고 자기 의견을 가지지 못할 만큼 무기력하냐 하면 그렇지는 않다.

부모 형제를 등진 채 가출을 하는 것쯤은 예사로 안다. 사표를 내던지고 직장을 뛰쳐나오는 것쯤 아무렇지도 않게 생각한다. 그렇다고 게으르냐 하면 그렇지도 않다. 의욕으로 말한다면 어느 누구에게도 뒤지지 않는다. [4]라는 수는 원래가 「반역정신」을 상징하는 수이다. 이유가 있든 없든 간에 남을 괴롭히는 것쯤 예사로 안다. 거짓말하는 것쯤 아무렇지도 않게 생각한다. 금전에 대한 관념도 아주 희박하다. 툭하면 싸움질이요, 걸핏하면 불평이다. 그러나 [24]는 예외이다.

여성 여성 역시 환영하지 못할 성격의 소유자이다. 흉 암시가 남성에 있어서보다 훨씬 강하므로, 한시 빨리 개명하여 개운을 찾는 것이 좋겠다. 이 여성을 아내로 가진 남성은 외박한다거나 술을 마시고 늦게 들어온다거나 하면 큰 봉변을 당할 것이다. 남편을 잡아먹는 여자라는 말이 있다. 이 타입의 여성이 그와 같은 여자에 속한다고 해도 좋겠다. 게다가 지능이 상당한 수준으로 발달하여 적당히 타일러 고칠 수도 없다.
[24]의 여성은 성격이 소극적일 뿐 그 같은 단점이 없는 길수이다.

| A+B | 5 | 의 성격 |

남성 원만한 성격의 소유자이다. [5]라는 수는 원래 타인에 대한 영향력이 대단히 강하면서도 자극적인 면을 조금도 지니고 있지 않는 것이 특징이다. 따라서 여간해서는 남과 트러블을 일으키지 않는다. 그래도 싫어하는 사람, 좋아하는 사람의 구별이 지나칠 정도로 명확한 것은 자칫 인화를 깨뜨릴 우려가 있으므로 주의할 필요가 있다. 또 마음에 안 드는 일은 손도 까딱하지 않는다. 개성이 강한 탓이라고 할 수도 있기는 하나, 그 개성도 정도가 지나치면 편벽한 인간이 되고 만다.
[15]의 남성은 특히 신념이 강한 행동파이다. 무엇이든 속에 넣어두고 있지 못하는 성격이어서 장소와 때를 가리지 않고 속에 있는 것을 털어놓아야만 직성이 풀린다.
[35]의 남성은 인상이 부드러워 남보다 몇 배의 호감을

살 수 있기는 하나, 단독으로 대사를 경륜하기에는 다소 역부족인 점이 있다.

여성 나는 화를 내어 본 일이 없다고 자신 있게 말할 수 있는 여성이 있다면 아마도 이 여성일 것이다. 남편의 무관심에 대해서도 불만을 표시하지 않을 것이다. 그렇게 이 여성은 언제나 정도라는 것을 염두에 두고 행동을 한다. 현모양처라는 말을 곧잘 듣게 되는 것도 그같이 절도를 잃는 법이 없는 데서 오는 미덕 때문이라고 하겠다.
[15],[25]를 비롯하여 애교 만점인 미인도 이 타입에 많은 것 같다.

A+B	6	의 성격

남성 이 타입의 특징은 자신이 원하든 원치 않든 보스의 자리 이외에는 몸 둘 자리가 없다. 무리를 다루는 솜씨의 묘도 묘지만, 무리가 따르고도 남을 포용력을 또한 갖추고 있는 것이 일반적인 특성이라 하겠다. 그렇게까지 할 필요가 없나고 생각하면서도 부닥을 빌으면 거절 못한다. 언젠가는 그 호의, 그 친절이 자신에게로 되돌아온다. 또 의협심도 강하다.

결점을 말한다면 질투가 강하고 여자를 좋아하는 점일 것이다. 그중에서도 특히 여성 관계에 있어서도 도가 지나치면 여난을 당할 우려가 있다.

또 성격적으로 볼 때, [6]의 계열의 사람은 자기 본위적인 경향이 다분히 있다. 그리고 또 한 가지 특징은 모험을 좋아하는 성격에서도 찾아볼 수 있다. 종류를 가리지 않고 모험이라면 무엇이든지 손을 대려고 한다. 투기를 하려고 한다. 그리고 그만큼 운도 강하다. 적어도 손해를 보는 일은 없다.

여성 소박한 여성이다. 그러나 여성인 이상 보다 아름다워지기를 원하고 또 어느 정도는 허영도 부려보고 싶어질 것이다. 그러나 그 같은 성격은 조금도 나무랄 것이 못되지만, 여성으로서는 운세가 다소 강한 편에 속하기 때문에, 사랑을 받으려는 편에 선다면 환멸과 실망을 맛보기 쉽다.

사랑을 받는 편보다 사랑을 주는 편에 서서 보람과 행복을 찾는 것이 [6]의 수의 운기에 어울리는 태도라고 하겠다.그리고 이상이 높은 것은 좋으나, 남성을 선택할 때만은 이상을 약간 아래로 낮출 필요가 있다. 이상대로 고른다면 마음에 드는 남성을 찾기 어려울 것이다. 보통 수준 이상의 남성을 이 여성은 만날 수 있다.

| A+B | 7 | 의 성격 |

남성 왕성한 활동력과 급진적인 면을 지닌 행동가라고 우선 말할 수 있다. 머리의 회전도 빠를 뿐더러, 자존심도 강하다. 독립성이 강하고 지식욕도 남보다 몇 배 강하기는 하나, 불요불굴의 정신을 또한 지녀 웬만한 실패나 좌절 같은 것은 문제도 삼지 않는다. 역경에 처하더라도 이를 악물고 끝까지 밀고 나가는 투사형으로 때로는 그 강인한 투지력으로 하여 세상에 둘도 없는 고집쟁이로 보여질 때도 없지가 않다. 또 어딘가 협객 기질이 풍기는 것도 특성이라면 특성인데, 즉흥적인 면이 또한 다분히 있어 부탁을 받으면 앞뒤를 재어 보지도 않고 무작정 승낙해놓고는 나중에 가서 쩔쩔 매는 경향도 있다.

투기운도 대단히 강하다. 그러나 깊이 들어가면 갈수록 적자를 보는 경향이 있으므로 적당한 선에서 그쳐 두는 것이 현명할 것이다. 중년 이후에 여성 관계를 불러일으킬 염려가 있다.

여성 여성 역시 남성에 있어서와 마찬가지로 오만한 여성, 건방진 여자라는 소리를 듣기 쉽다. 재능도 있을 뿐더러, 용모도 수준 이상이고 보면 조금은 거만을 피운대도 무방할 것 같으나, 그것은 어디까지나 이치상의 얘

기이고 세상 사람은 재능이 있건 없건 거만을 피우는 사람은 환영하지 않는다. 아무튼 [7]의 수도 여성에게는 강하다. 참고삼아 한마디 덧붙인다면, 이 여성은 감수성이 풍부하고 미지나 신비의 세계에 대한 동경심이 강하여, 인생을 보람 있게 보내려고 애를 쓰는 노력에 있어서는 남보다 몇 배의 적극성을 보여주기는 하나, 너무 성급하게 서두르는 것이 결점이라면 결점이다. 언젠가는 반드시 소원이 이루어지는 호운을 지니고 있으므로 조금도 급히 서둘 필요가 없다.

| A+B | 8 | 의 성격 |

남성 어떠한 곤란과 장애도 극복해 나가는 신념과 인내의 사나이이다. 의지도 강하고 스태미나도 강하다. 마음을 안 먹어서 그렇지 한번 마음먹었다 하면 무리를 해서라도 끝을 보고야 만다. 또 입에 발린 아첨은 절대로 못하는 사람이다. 그 때문에 손해를 보는 때가 없지도 않으나, 손해를 손해로 생각하지 않는 것은 이 타입의 고고한 인품의 소치라 하겠다. 한마디로 말해 철석부동, 초지일관의 성격이다. 바람을 피우는 일도 없고, 여성 관계로 스캔들을 불러일으키는 일도 없다. 그러나 포용력이 부족하다고 할까, 도량이 좁다고나 할까,

무리의 중심인물이 되기에는 역부족인 점이 없지 않다. 그러나 작가·음악가·감독·가수·디자이너 등에 종사하는 사람은 무방하다. 단점이 오히려 장점이 될 수 있다.

여성 원래 [8]이라는 수는 남성적인 수이다. 따라서 여성에게는 강한 수라고 볼 수 있겠다. 그러나 직업전선에 나아가 남성과 대등하게 승부를 겨룬다든가 사회적인 지위를 인생 목표로 삼고 있다든가 하는 여성이라면 굳이 신경 쓸 필요가 없다.

A+B	9	의 성격

남성 뛰어난 웅변력을 지니고 있다고 하겠다. 생각하는 머리가 절대로 나쁜 것도 아니지만, 언제나 직관으로 판단하고 행동하는 경향이 있다. 어렸을 적에는 신동이니 천재이니 하는 소리도 들었을 것이다. 거래에 있어서도 뛰어난 재능을 보여줄 뿐더러, 처세도 능란한 편이다.

직관력이 강하여 예술가에는 이상적인 타입이긴 하나, 직관력 하나로 인생을 살아간다는 것은 지극히 위험한 일이다.

[9]의 타입은 항상 변화를 구해 전전하는 성정을 지니고 있는 까닭에 더욱 그러하다. 또 이성 관계를 두고 트러블을 일으키기 쉬운 경향이 있다.

성격적으로는 고독에 잘 빠지면서도 내색하지 않으려는 경향이 있고, 화를 냈다 하더라도 뒤를 남기지 않는 소탈한 일면을 가지고 있다. 또 구질구질한 것을 싫어하는 경향이 있고 뒤가 항상 깨끗하나, 용두사미격으로 유종의 미를 거두는 솜씨에 있어서는 능란하다 할 수는 없을 것 같다.

[29], [39]는 예외로 그와 같은 단점의 영향을 받지 않는다. 특히 형격(A+B)에 있을 때는 이상적인 운기를 발휘한다.

여성 부지런도 하고 신경도 섬세하여, 한 인간으로서의 상(象)을 두고 말한다면 이렇다 할 결점을 찾아보기 어렵다. 문제는 남의 눈을 위한 자신이 아니라, 자기 자신을 위한 자신이라야 한다는 것이다.

이 여성은 남성에 있어서와 마찬가지로 변덕이 심하다. 게다가 바람기마저 보인다. 여성에게는 여성으로서의 본분이 있다.

한때는 호사를 누릴 수 있다 하더라도 진지한 생활 태도에서 벗어날 때는 최후의 인생의 승리자는 될 수 없을 것이다.

[9]나 [19]의 수는 성격뿐만 아니라 운세에 있어서도 최악의 흉수에 속할 뿐더러, 이성 관계에서도 트러블을 일으키기가 쉽다. 또 시작은 있으나 끝이 없는 용두사미의 운기와 고독운이 강하므로 일찌감치 개명하여 심기를 일전하는 것이 바람직할 것이다. 그리고 이 여성 또한 강한 직관력을 가지고 있다. 그 직관력을 살려가는 직업에 종사하는 것도 좋겠으나, 앞에서도 말했듯이 한 가지 일을 꾸준히 끌고 가지 못하는 성격이어서 그러기를 권할 처지도 못된다.
[29]수의 여성에게는 예외이다.

| A+B | 10 | 의 성격 |

남성 어딘지 모르게 음성적인 그림자가 늘 따라다니고 있다. 내향성이 강하다고 할 수 있겠으나, 무엇보다도 치명적인 결함은 자신이 어떠한 인간이지도 알지 못하고 있는 데서 찾아야 할 것 같다. 어떤 때는 자신을 착한 선인으로 생각하는가 하면, 어떤 때는 자신을 못난 악인으로 생각하기도 하고, 어떤 때는 자신을 무능력자로, 심지어 어떤 때는 자신을 아주 정신병자로 생각하기도 한다. 뿐만 아니라 친한 친구에게까지도 흉금을 털어 놓고 이야기하는 일이 없다.

그러나 남에게 뒤질 정도는 아닌 재능도 가지고 있고, 권력이나 재물에 대한 동경 또한 강하다. 따라서 그지없이 희미한 사람이기는 하나, 그것이 무엇인지는 몰라도 손에 잡히는 것이 있기만 하면 크게 도약해 보리라는 꿈은 안고 있다.

[10]의 계열의 타입은 그 어떤 계기로 하여 감동적인 충격을 받았을 땐 사람이 달라진 듯이 대담한 행동을 개시, 목숨을 걸다시피 하고 저돌적으로 맹진한다. 이렇게 말하면 위인이나 영웅을 연상하기 쉬우나 실제로 때를 잘 만나기만 하면 위인·걸사로 큰 성공을 거두기도 한다.

[10]의 타입의 성격은 너무도 괴팍하여 어느 것이 본모습인지 헤아리기 어렵다.

여성 격렬한 성격의 소유자가 많은 것 같다. 명실상부한 여장부가 된다면 또 모르되, 그렇지 못할 때는 여장부가 되려 했다가 실패했다는 정도로 끝나지 않는다. 남자 같으면 부자가 되거나 가난뱅이가 되거나 둘 중 하나가 된다지만 여자의 경우는 돈 있는 사람을 배우자로 만나게 되느냐, 빈털터리를 배우자로 만나게 되느냐는 두 가지 길 중 하나를 택하게 되는 경향이 있다.

재능은 있으나 어딘가 보통 사람과는 다른 면을 가진 사람이 많은 듯하다. 남성의 성격에서도 언급했듯이,

마음먹음 하나로 크게 대성하기도 하고 인생의 밑바닥에서 허송세월하는 것이 이 [10]의 수의 특성이다.

여성에게 있어서도 이 특성은 그대로 적용된다. 가정은 밝을수록 좋다. 가정을 밝게도 만들고 어둡게도 만드는 중요한 위치에 있는 것이 주부다. [10]의 수를 가진 여성에는 어두운 성격의 소유자가 많다. 고독을 좋아하고 영적인 세계를 좋아하니 주부로서는 수준 이하일 수밖에 없다.

2. 이름과 연애

◉ 부호도식

A B C 洪 吉 童	성자 .... A 이름의 위 글자 .... B 이름의 아래 글자 C

◉ 원·형·이·정의 지배 운

격	별칭	도시	지배운	요점
원	지	B+C	초년	○ 유·소년의 운명을 지배한다. ○ 연애·섹스·행동 면의 특징을 주관한다.
형	인	A+B	청년	○ 청년의 운명을 지배한다. ○ 성격·운세·포부를 주관한다.
이	천	A+C	장년	○ 장년의 운명을 지배한다. ○ 직업운·애인관계·결혼 후의 운명을 주관한다.
정	총	A+B+C	말년	○ 일생의 총합적인 운세를 지배 또는 유도 암시한다. ○ 말년운, 여성에 있어서는 결혼 후의 가정운을 주관한다.

| B+C | 1 | 의 연애 |

남성 마음에 드는 여성이 아니면 절대로 손을 내밀지 않는다. 그리고 연애하는 데 있어서도 무드보다는 이유, 이론을 더 존중한다. 따라서 아기자기한 재미를 이 남성에게서 바란다는 것은 무리일 것 같다. 연애가 실패로 돌아가는 경우일지라도 이 남성은 여성에게 상처를 주는 일은 절대로 없을 것이다. [21]의 남성만은 예외로 바람기가 있다.

여성 사랑을 위해 나의 모든 것을 바쳐도 좋다는 여성이 아니다. 연애에 있어서도, 섹스에 있어서도 마찬가지로 참된 의미에 있어서의 희열이나 도취를 모르는 불행한 여성으로, 거기다가 혼기마저 늦어지는 경향이 있다. 그렇다고 여성적인 매력이 부족한가 하면 그렇지도 않다. 침실에서도 강한 자존심 때문에 도취라는 것을 모를 따름이다.

| B+C | 2 | 의 연애 |

남성 [2]의 남성에는 바람둥이가 많다. 뿐만 아니라 돈과 출세의 도구로 사랑을 이용하려고까지 하는 남성이 적지

않다. 또 애인이나 아내의 과거를 미주알고주알 캐묻기를 좋아하고, 혹 그 애인이나 아내에게 과거라도 있다면 마치 자신이 돌이킬 수 없는 피해라도 입은 것처럼 수단 방법을 가리지 않고 상대방 여성을 괴롭힌다. 또 침실에서는 변태성마저 있다.

여성 상냥함은 여성의 미덕이라고 하지만, 이 여성은 그것이 정도가 지나치다. 이상적인 남성이 언젠가는 나타날 것이라 생각하고 언제까지나 기다리고만 있다는 것은 상냥한 태도라고 칭찬만 할 일이 못될 것 같다. 도리어 그와 같은 성격을 악용하려는 남성의 표적이 되기 십상일 것이다. 침실에 있어서도 지나치게 소극적이다.

B+C	3	의 연애

남성 보기보다는 여성에게 인기가 있다. 자신의 PR이 강하고 화제도 풍부하고, 상대방이 좋아하는 말만 골라서 하다 보니 인기가 없을 리 없다. 그러나 근본은 선량하여 음성적인 수단으로 여성에게 피해를 준다거나 하는 일은 좀처럼 없다. 여성을 정복하기보다는 여성에게 둘러싸여 있을 때의 분위기를 좋아하는 타입이다. 때문에 상대방이 조금이라도 뜨거워지는 눈치를 보이면

곧 꼬리를 거두고 달아난다. 그러나 침실에서는 그다지 강하지 못하다.

여성 남성을 뇌쇄하는 마녀와도 같은 여성이다. 따라서 이 여성과 뜨거워진 남성은 희생을 당하게 마련이다. 남성에게 쫓겨다니기보다 남성을 쫓아다니기를 좋아한다. 그만큼 이 여성의 연애는 위험성을 수반하고 있기도 하고, 도박성을 내포하고 있기도 하다. 그리고 이 여성은 침실에 있어서도 싫증이란 것을 모른다. 특히 [43]의 여성은 황음·부정하다.

B+C	4	의 연애

남성 한마디로 바람둥이다. 그것도 프로급에 속하는 바람둥이다. 한 사람의 여성으로는 만족을 못하고, 가정을 가진 뒤에도 비상용의 여성을, 그것도 하나로는 모자라 둘이나 셋이나 가지고 있다. 그렇더라도 악질적인 면은 찾아볼 수 없다. 꿈이 많은 로맨티시스트로, 떠날 때는 떠나도 사랑할 때는 전력을 기울여 사랑한다. 침실에서는 40대 50대가 되어도 쇠퇴라는 것을 모른다.

여성 이기적이다. 연애를 하는 데 있어서도 자기중심적이다.

뿐만 아니라, 두 사람을 동시에 상대하는 일쯤은 아무렇지도 않게 생각한다. 그래도 결혼과 바람을 혼동하는 일은 거의 없다. 그만큼 요령이 좋다면 좋은 타입이다. 쉽게 상대방의 유혹에 넘어가기도 한다. 외견은 고상해 보여도 일단 침실에 들어가면 전혀 다른 사람으로 돌변해 버린다.

| B+C | 5 | 의 연애 |

남성 일견 여성에게 호감을 주는 여성 숭배자로 보이기는 하나, 좀처럼 여성에게 빠지지 않는다. 대신 일단 사랑하기 시작하면 철저히 사랑한다. 따라서 이 남성 가운데는 남이 부러워할 미모의 여성을 아내로 가진 사람이 많다. 그리고 이 남성의 장점은 책임감이 강한 데 있으며, 사랑하는 여성을 위해서는 헌신적인 노력을 아끼지 않는다. 침실에서도 상대방에게 불만이나 실망을 안겨주는 일이 없다.

여성 평범한 사랑(연애)을 싫어한다. 로맨틱하고 불 같은 사랑을 동경한다. 같은 직장에서 서로 만나 결혼하는 케이스를 흔히 본다. 이렇게 이 여성은 여행 중의 비행기 속이라든가, 관광지의 우거진 숲속 호젓한 벤치라든가

하는 데서 사랑에 불이 붙기 쉬운 경향이 있다. 요는 무드파라 할까, 인격적으로 볼 때 안심 못 할 상대하고도 곧잘 사랑에 빠지고는 하는 것도 무드에 너무 예민한 탓이다. 또 외국 사람 속에서 배우자를 찾으려는 경향은 보다 멋진 무드를 동경하는 때문일 것이다.

| B+C | 6 | 의 연애 |

남성 두 가지의 타입으로 나눌 수 있다. 하나는 플레이보이 형이고, 다른 하나는 한 여성밖에 모르는 완고한 형이다. 그 어느 편도 여성에 대해서는 지나칠 정도로 친절하다. 그렇다고 대가를 요구하는 것도 아니다. 말하자면 실질적이지는 못하다. 실적을 거두지 못할 바에야 친절도 좋지마는 적당한 선에서 그쳐두는 것이 현명할 것이다. 침실에서는 그 어느 누구도 따르지 못하리만큼 서비스 정신이 왕성하다.

여성 사랑을 했다 하면 배신을 당한다. 실수라고 하기보다 전심전력을 기울여 사랑을 하는데, 남자 쪽에서 보면 권태롭게 느낀다는 편이 정확한 표현이 될지도 모르겠다. 아무튼 이 여성은 칭찬이나 친절을 받으면 그것이 진짜인지 가짜인지 따져볼 겨를도 없이 그대로 믿어 버

리는 데에 문제가 있다. 때문에 이 타입의 여성을 부인
으로 가진 남성은 행복하다. [16]의 여성은 예외이다.

B+C	7	의 연애

남성 첫눈에 반해 돌진하는 타입이다. 주위에서 아무리 브
레이크를 걸어 주려고 해도 막무가내이다. 그런데 다
른 일도 그렇지만 특히 연애는 저돌성 하나로는 성공
하기 어렵다. 그런 의미에서 이 남성은 사랑의 실패자
의 표본 같은 사람이라 해도 좋겠다. 그러나 단념도 워
낙 빠르기 때문에 실연의 상처는 그다지 크지는 않다.
침실에서도 마찬가지 저돌적이다. 그래서 조루의 경향
이 있다. 그러나 원래가 현명한 두뇌의 소지자인 까닭
에 최대한의 기교를 활용, 상대방에게 실망을 주는 실
수는 범하지 않는다.

여성 사랑을 노리개 삼아 즐기는 경향이 있다. 따라서 괴로
움이 따르는 상대는 질색이다. 매력적인 면을 남달리
풍부하게 지니고 있기는 하나, 그것을 무기로 뭇 남성
들 속에 뛰어들어 거드름을 피우는 것은 환영받을 수
없는 악취미라 하겠다. 자존심이 강하여 부모나 주위
의 반발을 사면 아무 남자하고도 결혼해 버린다.

| B+C | 8 | 의 연애 |

남성 마음에 드는 여성을 만나면 전심전력으로 부딪쳐 가는 타입이다. 화술이 좋은 것도 아니요, 여성 조종법이 뛰어난 것도 아니지만 강한 책임감과 성실성이 크게 인정을 받아 대개는 연애에 성공한다. 또 연애 상대를 택하는 경우에 있어서도 「마녀・재원」과는 거리가 먼, 이를테면 다른 남성의 눈에는 잘 뜨이지 않는 아무런 특징도 없는 여성을 택하는 경향이 있다. 침실에서는 강하기는 하나, 지나치게 좋아하는 편은 아니다. 부인 되는 여성은 이 남자가 바람을 피우는 일은 절대로 없다는 그 한 가지 좋은 점만을 높이 사, 눈을 감아 주는 수밖에 달리 도리가 없을 것 같다.

여성 화려해 보이는 반면, 견실한 면을 지니고 있다. 보이프렌드도 적은 편은 아니나, 무절제하게 덤비는 일은 절대로 하지 않는다. 그리고 또 실연했다 해도 눈물을 흘리는 타입은 아니다. 강한 의지력을 가지고 새 출발한다. 다만 남성의 친절이나 동정에 약한 것이 결점이라면 결점이다. 「결혼을 합시다」는 말에 곧잘 넘어가는 여성은 이 타입의 여성에 많다. 침실에서는 신뢰 아니면 정열, 두 가지밖에 알지 못한다.

| B+C | 9 | 의 연애 |

남성 연애에 있어서나 침실에 있어서나 열렬해 보이면서도 속은 담백하다. 부드러운 무드로 해서 여성에게 호감을 주기는 하나 빨리 열이 식어버리는 경향이 있어, 평생 연애 같은 연애는 못해 보고 말게 된다. 또 이 남성은 돈으로 여자를 사는 일은 하지 않는다. 돈으로 살 만큼 가치가 있는 것이 못된다고 생각하는지도 모른다. 섹스를 좋아하는 편도 싫어하는 편도 아니다. 어쩌면 연애 기분 그 하나가 목적이 되어 있는지도 모를 일이다. 아무튼 여자로 해서 인생을 망치는 일은 절대로 하지 않는다.

여성 사랑에 웃고 사랑에 우는 타입이다. 워낙 감정의 기복이 격렬하기 때문에, 사랑에 있어서도 평탄한 길을 걸어가듯 하기는 어렵다. 게다가 무책임하기 짝이 없는 성벽까지 지녀, 어제의 애인을 오늘의 적으로 돌리는 일쯤은 예사로 안다.

생면부지의 남성과 사랑을 속삭이게 되기까지의 과정에 있어서도 초스피드를 자랑한다. 그리고 침실에 있어서도 자신이 주도권을 장악하지 않는 이상 절대로 타오르지 않는다.

| B+C | 10 | 의 연애 |

남성 여성을 위로하는 편이라기보다 여성으로부터 위로를 받고 싶어하는 타입이다. 따라서 이 찾는 여성은 언제나 모성형으로 판에 박혀져 있다. 모성형이 아닌 여성에 대해서는 용모가 아무리 아름답다 할지라도 관심이 없다. 침실에 있어서도 어머니에게 어리광을 부리는 어린이 모습 그대로이다. 때문에 약간 변태적인 면이 있다. 그렇더라도 그 방면에 있어서는 상당히 강한 실력을 지니고 있다.

여성 사랑이 곧 불행이요, 불행이 곧 사랑이라는 말을 하고 싶을 정도로 불행한 사랑밖에 못하는 경향이 있다. 그리고 그 불행으로 해서 윤락의 길을 걷게 되는 흉 암시마저 가지고 있어 주의할 필요가 있다. 실연의 원인은 첫째, 본인에게 있다고 보는 것이 옳다.

매력도 없는데 거만을 피우는 것만큼 꼴불견도 없을 것이다. 또 이 여성은 이상할 정도로 물질에 약하다. 선물 공세로도 그만 정복되어 버리고 만다. 침실에서는 한마디로 색마일 것이다.

3. 이름과 직업

◉ 부호도식

A B C 洪 吉 童	성자 .... A 이름의 위 글자 .... B 이름의 아래 글자 C

◉ 원·형·이·정의 지배 운

격	별칭	도시	지배운	요점
원	지	B+C	초년	○ 유·소년의 운명을 지배한다. ○ 연애·섹스·행동 면의 특징을 주관한다.
형	인	A+B	청년	○ 청년의 운명을 지배한다. ○ 성격·운세·포부를 주관한다.
이	천	A+C	장년	○ 장년의 운명을 지배한다. ○ 직업운·애인관계·결혼 후의 운명을 주관한다.
정	총	A+B+C	말년	○ 일생의 총합적인 운세를 지배 또는 유도 암시한다. ○ 말년운, 여성에 있어서는 결혼 후의 가정운을 주관한다.

| A+C | 2 | 의 직업 |

결단력 부족으로 독립으로 하는 일은 적성에 맞지 않다. 남을 보좌하는 일일수록 지닌 바 역량을 마음껏 발휘할 수 있다. 따라서 단독으로 회사를 경영한다거나, 많은 사람을 거느려야 하는 등속의 직종은 아예 바라지도 말아야 한다. 단 작가·화가·예술가 등 자유업에 속하는 직종은 무방하다.

| A+C | 3 | 의 직업 |

[3]이란 수리는 원래 권모·권위의 수리이다. 따라서 그 방면의 재질을 살릴 수 있는 직종이면 무엇이든 마다하지 않는다. 기업가·군인·회사중역 등. 거기다 인격이 또한 원만하므로 어떤 단체장으로 활약하는 것도 무방하다.

| A+C | 4 | 의 직업 |

[4]라는 수리는 원래 복잡한 성격을 의미하는 수리이다. 반역 정신을 속에 내포하고 있는가 하면 변화·방랑을 구해 동분서주하는 제멋대로의 괴벽스러운 데가 있기도 하다. 직종으로는 영화배우·탤런트·토목건축사 등이 무방하다.

| A+C | 5 | 의 직업 |

신용과 인화를 특히 필요로 하는 직종이면 무엇이든 좋다. [5]는 입신의 수리로, 당대에 성공을 쟁취하는 예가 많다. 재운과도 인연이 있으므로 그 방면으로 나아가는 것도 무방하겠다. 기업가 · 정치가 · 학자로 성공할 수 있다.

| A+C | 6 | 의 직업 |

[6]의 수리는 통찰력과 인연이 깊은 수리이다. 이는 곧 사물의 움직임을 꿰뚫어 보는 안목을 의미하기도 한다. 따라서 이 수리는 어느 수리보다도 찬스에 민감하다. 찬스를 살리는 직종이면 뭐든지 좋다. 기업가 · 증권사 · 외환 딜러 등이면 성공할 수 있다.

| A+C | 7 | 의 직업 |

[7]의 수리는 자아 즉, 개성을 상징하는 수리이다. 동시에 명성을 어느 수보다도 좋아하는 수리이기도 하다. 따라서 개성과 명성을 만족시켜 주는 직종이면 어떤 직종이든 마다하지 않는다. 소설가 · 평론가 · 시인 · 기타 문필업, 예술계통에서 두각을 나타낼 수 있다.

| A+C | 8 | 의 직업 |

[8]은 정력의 수리이다. 왕성한 정력과 안내심을 필요로 하는 직종이면 무슨 직종이든 관계가 없다. 정치가 · 사업가 · 발명가 · 스포츠맨 등도 그중의 하나가 될 수 있겠다.

| A+C | 9 | 의 직업 |

[9]의 수리는 지능의 수리이다. 따라서 지능을 앞세운 직종이연 무엇이든지 좋다. 그 직종 중에서도 대중을 상대로 하는 직종일수록 [9]의 수리는 특히 환영한다. 이 수리는 활동의 수리이기도 하기 때문이다. 의사 · 화가 · 도예가 · 예능인 등이다.

| A+C | 10 | 의 직업 |

[10]의 수리는 다재다능하여, 어떤 일에 종사해도 수준 이상의 성과를 바랄 수 있다. 그리고 이 [10]의 수리는 치밀한 계획성을 또한 지니고 있으므로, 그 계통의 직종을 이왕이면 택하도록 하는 것이 바람직하다. 의사 · 간호사 · 변호사 · 재판관 · 설계사 등이다.

| A+C | 11 | 의 직업 |

[11]은 입지입신의 수리이다. 따라서 당대에 부를 쌓기도 그다지 어렵지 않다. 가문을 빛내고 최후의 승리자가 될 수 있는 수리이므로, 소위 말하는 「야망이 큰 인물」일수록 이 수리는 환영한다. 기업가 · 정치가 · 변호사 · 언론인 · 소설가 등이다.

| A+C | 12 | 의 직업 |

[12]의 수리는 예리한 신경을 의미하는 수리이다. 이 말은 치밀성이 강하다는 말이 될 수도 있겠다. 따라서 그 계통의 직종이면 어떤 직종이든 환영한다. 계리사 · 통계학자 · 회사 비서 · 은행원 · 잡지 편집인 등이다.

| A+C | 13 | 의 직업 |

[13]의 수리는 예능의 수리인 동시에, 처세의 수리이기도 하다. 여기서 예능이란 넓은 의미로 무엇을 만들어 내는 재간 또는 솜씨로 알아두면 좋겠다. 따라서 이 두 가지 특성을 활용할 수 있는 직종이면 무슨 직종이든지 환영한다. 사회자 · 아나운서 · 탤런트 · 영화배우 · 스튜어디스 등이다.

A+C	14	의 직업

[14]의 수리는 원래 남에게 매이기를 싫어하는 수리이다. 동시에 딱딱한 것을 싫어하는 수리이기도 하므로, 학자나 공무원 같은 직종은 환영하지 않는다. 관광업 · 토목 건축업 · 외무사원 등이다.

A+C	15	의 직업

[15]의 수리는 자립의 수리이다. 달리 말하면 남에게 기대지 않고 독립독보, 자신의 길을 혼자 걸어가는 수리라는 것이다. 따라서 독립적인 일이라면 어떤 직종이고 이를 환영한다. 단 부유한 집안에서 태어난 사람은 그 의미가 약해진다. 이 수리는 특히 가난한 집안 출신을 위해서 있는 수리 같다. 이 [15]의 수리는 또 외국과도 관계가 깊은 수리이므로 그 계통의 일이 좋겠다.

A+C	16	의 직업

[16]의 수리는 덕망 · 인망의 수리이다. 동시에 두령의 수리이기도 하므로, 덕망을 앞세운 일이라면 어떠한 「큰일」도 마다하지 않는다. 정치가 · 후생사업가 · 자선가 · 의사 · 교육가 등이다.

| A+C | 17 | 의 직업 |

[17]의 수리는 인내·박력과 인연이 깊은 수리이다. 뿐만 아니라 인기라 할까, 화려한 면하고도 인연이 깊은 수리이므로, 화려한 인기의 세계에서 분투노력하는 직종이면 무슨 직종이든 좋다. 가수·배우·탤런트·작가·운동선수 등이다.

| A+C | 18 | 의 직업 |

[18]의 수라는 정력의 수리이다. 따라서 왕성한 스태미나를 필요로 하는 직종이면 무슨 직종이든 상관 없다. 운동선수를 가장 환영하고 그 밖에도 정력적인 사업·공사장 감독·자동차 수리공·외무사원 등이다.

| A+C | 19 | 의 직업 |

[19]의 수리는 출중한 지모를 간판으로 삼고 있는 수리이다. 따라서 두뇌를 사용하는 직종이라면 어떠한 직종도 마다하지 않는다. 그러나 형격(A+B)이 좋지 않을 때는 일시적인 성공으로 끝나 버리는 수가 많다. 작가·편집자·법률가·학자 등이다.

| A+C | 20 | 의 직업 |

[20]의 수리는 원래 가산 탕진형의 수리이다. 부모에게 물려받은 재산도 이를 지켜 내지 못한다. 거기에 대한 만회라 할까, 반동이라 할까. 사행에 유달리 관심이 많은 수리이다. 그리고 또 묘하게도 운이 좋아 생각지도 않았던 이득을 가져다주는 수가 많다. 부동산업, 투기업 같은 것도 이에 들 수 있겠다.

| A+C | 21 | 의 직업 |

[21]의 수리는 그 과정에 힘에 겨운 난관이 없지도 않으나, 정확한 발전을 약속하는 수리이다. 따라서 천천히 착실하게 계단을 딛고 오르듯이 결승점에 골인하는 그런 직종이면 어떤 직업이든 환영한다. 정치가 · 샐러리맨 · 사업가 등이며, 여성은 예능인 · 저널리스트 등이다.

| A+C | 22 | 의 직업 |

[22]의 수리는 재지(才智)의 수리이다. 따라서 깊이 있는 재능을 필요로 하는 학구적인 재능과는 물론 다르지만 처세의 묘를 살리면 의외로 성공하는 예가 많다. 외교관 · 외무사원 · 사회자 등이다.

| A+C | 23 | 의 직업 |

[23]의 수리는 급속적인 발전을 어느 수보다도 강하게 지니고 있는 수리이다. 따라서 적수공권으로 출발하여 부를 쌓아 갈 수 있는 그러한 직업을 특히 환영한다. 그런 직업이 어떠한 직업인지는 각자의 능력에 맞추어 찾을 수밖에 없으나, 아무튼 일정한 코스를 밟지 않고는 성공을 바라기 어려운 샐러리맨만은 환영하지 않는다.

| A+C | 24 | 의 직업 |

[24]의 수리는 축재와 관계가 깊은 수리이다. 그러나 원래 일확천금과는 인연이 먼 수리이므로, 적어도 한 푼 두 푼 돈이 들어오는, 그러나 부지런히 정확하게 들어오는 직종을 환영한다. 부동산 임대업을 하는 사람에게 적격일 듯하다.

| A+C | 25 | 의 직업 |

[25]의 수리는 창조력을 바탕에 깐 특수 기술 · 기능과 인연이 깊다. 정치하고도 인연이 없는 것도 아니나, 정치가보다도 창조력을 밑천으로 하는 작가 · 예술가 · 발명가 등이 이 수리를 가지면 더 성공한다.

| A+C | 26 | 의 직업 |

[26]의 수리는 살신성인 즉, 사회에 대한 「봉사」하고 인연이 깊은 수리이다. 따라서 사회나 대중을 의식하지 않을 수 없는 수리로, 얼마만큼 사회에 봉사하고 있느냐, 얼마만큼 대중을 위하여 봉사하고 있느냐에 따라 그 성공도가 달라진다. 종교사업 · 사회복지사업 · 육영사업 등이다.

| A+C | 27 | 의 직업 |

[27]의 수리는 지적인 면과 과단성하고 인연이 깊은 수리이다. 따라서 이 두 가지 특성을 만족시켜 주는 직종이면 무슨 직종이든 상관이 없다. 기업가로 나아가도 좋고, 경찰관 · 군인 · 법관 · 변호사로 나아가도 무방하다.

| A+C | 28 | 의 직업 |

[28]의 수리는 보스의 수리이다. 아무튼 두목 · 수령의 의미를 다분히 지니고 있는 수리로 어떤 조직을 배경으로 많은 사람을 거느리고 부리는 직종을 환영한다. 기업가도 이에 해당되지만, 운동 감독 · 코치도 이에 해당된다.

| A+C | 29 | 의 직업 |

[29]의 수리는 왕성한 활동력과 지모(智謀)를 지니고 있는 수리이다. 동시에 예능의 수리이기도 하여, 그 방면으로 나아가 활동하는 것도 좋겠다. 그리고 [29]는 특히 재물하고도 인연이 깊은 수리이므로 이 점 또한 직종을 선택할 때 생각지 않을 수 없다.

| A+C | 30 | 의 직업 |

[30]의 수리는 모험 투기의 수리이다. 따라서 남들이 좋아서 하는 일보다는 남들이 싫어하는 일을 찾아 일을 하면 의외로 성공하는 수가 많다. 그리고 이 수리는 부침이 심하기 때문에 증권이나 부동산 투기에 손을 대면 실패를 보기 쉽다. 장의사 · 폐품수집 · 축산업 등이다.

| A+C | 31 | 의 직업 |

[31]의 수리는 개척과 인연이 있는 수리이다. 동시에 권위의 수리이기도 하므로, 이 두 특성을 힘껏 활용할 수 있는 직종이면 어떤 직종이고 이를 환영한다. 정치가 · 기업가 · 대학교수 · 종교인, 여성이라면 여성외교관 · 여판사 · 여사장 · 여성국회의원 등이다.

| A+C | 32 | 의 직업 |

[32]의 수리는 사행(射倖)을 어느 수리보다도 좋아하는 수리이다. 따라서 그런 의미에 있어서의 모험을 밥 먹듯이 하게 마련인데, 대개는 노리는 바 목적이 들어맞아 치부하는 수가 많다. 직종으로는 어느 것이라고 잘라 말하기 어려우나 부동산 투기, 건축업, 흥행사 등이 이에 해당될 수 있을 것 같다.

| A+C | 33 | 의 직업 |

[33]의 수라는 저돌적이라고 할 수 있을 정도로 박력과 인연이 깊은 수리이다. 그리고 학문·예술·예능하고도 인연이 있는 수리이므로 그 방면으로 나아가면 성공이 빠르다. 학자·작가·영화배우, 특수한 직종으로는 가수·복서·씨름 등의 운동선수이다.

| A+C | 34 | 의 직업 |

[14]와 비슷한 특성을 지니고 있는 수리이다. 학문이나 예술 같은 치밀한 지력을 필요로 하는 직종과는 아예 관심이 없다. 음식점·요정·관광업, 그리고 외교 수완에 뛰어나 중개업·보험회사 외무사원·판매업 등이다.

| A+C | 35 | 의 직업 |

[35]의 수리는 현실보다 이상을 앞세우는 수리이다. 동시에 학문·예술의 수리이기도 하여, 그 계통으로 나아가면 성공이 빠르다. 그리고 차원 높은 기술과도 인연이 깊으므로 그 계통으로 나아가도 성공할 수 있을 것이다. 학자·작가·종교인·발명가·첨단산업 종사자 등이다.

| A+C | 36 | 의 직업 |

[36]의 수리는 남에게 매이기를 싫어하는 수리이다. 따라서 공무원이나 샐러리맨 같은 안전한 직종과는 처음부터 인연이 없다. 따라서 대중을 상대하는 직종이면 무엇이든지 좋겠다. 예능의 재주를 살려 대중작가, 많은 사람을 상대하는 현장감독, 건축업도 좋을 것이다.

| A+C | 37 | 의 직업 |

[37]의 수리는 정치 아니면 실업하고 인연이 깊은 수리이다. 따라서 일찍부터 정치계에 들어가 장래에 기대를 걸어 보는 것도 좋겠고, 작은 기업부터 시작하여 재벌을 꿈꾸어 보는 것도 무방하겠다. 또한 굽힐 줄 모르는 의지로 어떤 직종이든 마다 않고 해낼 수 있다.

| A+C | 38 | 의 직업 |

[38]의 수리는 학문·문예의 수리이다. 따라서 다른 직종은 아예 관심 밖으로 돌려놓고 문예·학문에만 전념하면 부귀공명, 큰 성공을 내것으로 만들 수 있다. 그러나 성공으로 가져가기까지는 불굴의 의지가 필요하다는 것을 또한 잊어서 안 될 것이다.

| A+C | 39 | 의 직업 |

[39] 수리는 보스 기질의 수리이다. 따라서 직종으로는 군인, 군인도 장성급이 적격이고, 국회의원도 좋다. 이 수리는 샐러리맨이나 기술자 등에는 맞지 않다. 장성, 국회의원이 못되더라도 「권위」가 따르는 직종을 되도록이면 구해야 할 것이다.

◎ A+C가 [39]인 수리를 넘는 경우는 거의 없으므로 이하는 생략한다.

제 3 부
작명

1. 아기 이름 223
   1) 부모의 희망을 아기의 이름에 반영코자 할 때
   2) 선천운 사주의 부족을 이름에 보완코자 할 때
   3) 좋은 이름의 구성 – 종합정리

2. 오행을 맞춘 한글 이름 246

3. 오행을 맞춘 영어 이름 250
   1) Top 100 Most Popular Names For Boys/ 2010
   2) Top 100 Most Popular Names For Girls/ 2010

4. 오행으로 본 상호(商號) 260

5. 운명의 개척 개명(改名) 262

1. 아기 이름

아기의 이름은 부모가 아기에게 물려줄 수 있는 최상의 유산이라고 할 수 있다. 그렇다고 아기의 이름이 부모 자신의 욕심 그 자체를 위한 이름이 되어서는 곤란할 것이다. 아기의 이름은 어디까지나 아기 자신을 위한 이름이어야 한다.

우리는 앞에서 좋은 이름이 되게 하려면 이러 이러한 요소를 두루 갖춘 이름이 되도록 하여야 한다는 것을 확인하였다.

앞의 음양배열(陰陽配列), 수리배치(數理配置), 음향오행(音響五行), 삼원오행(三元五行), 자의(字義)만 길하게 결정하였다면, 최상의 이름이며 최상의 유산이다.

그런데 부모의 욕심에는 한도가 없다고나 할까. 보다 더 좋은 이름이 없을까 하고 애태움이 여간 아닌 부모가 세상에는 의외로 많다. 그러한 부모의 바람은 다음 두 가지로 요약할 수 있다.

① 부모의 희망을 아기의 이름에 반영시키고 싶다
② 선천운 사주의 부족을 이름으로 보완하고 싶다

이 두 가지 요건을 다 충족시키는 데는 부모의 노력이 상당히 필요하다. 그러나 특히 사주(四柱)의 내용은 약간 인내를 가지고 공부도 하면서 살펴보기 바란다.

1) 부모의 희망을 아기의 이름에 반영코자 할 때

과거의 이름에는 命·福·壽·愛·梅·花·春·玉 등의 글자가 많이 쓰이고 있음을 볼 수 있다. 이는 이름을 지은이, 즉 부모의 소원이 命·壽는 수명이 길기를, 福은 복이 많기를 바란다는 소원의 반영일 것이다.

그러나 성명학 입장에서 볼 때 그것은 어디까지나 자의(字義)를 겨냥한 반영일 뿐, 성명학의 '4대 운격'의 조화나 '오행'의 조화를 구성한 것이라 할 수는 없다.

자의는 이름의 품위를 좌우하는 결정이기는 하나, 그 밖의 영역에는 관여하지 못한다.

앞의 수리배치(數理配置)편 내용들을 요약해 정리하면 다음과 같다.

● 아기가 남자일 때

○ 평범하나 건강·건실한 인생을 보내기를 바랄 때
이 같은 소망은 많은 부모들의 희망이 아닌가 생각된다. 돈 걱정을 하지 않고, 건강 걱정을 하지 않고 평생을 보낼 수 있다면 이보다 더한 행복한 인생도 없을 것이다. 이때는 다음과 같은 성명 구성을 구해보도록 한다.

| A+B+C | 16 · 17 · 18 · 21 · 31 · 38 · 45 · 47 |

○ 큰 인물이 되기를 바랄 때

가정운은 비록 좋지 않더라도 세상에는 큰 인물로 통하는 사람이 많다. 재계·학계·정계의 거물 등, 두령격인 존재가 되기를 바랄 때의 성명 구성이다.

A+B+C	15 · 16 · 21 · 23 · 29 · 31 · 33 · 39

○ 지성적인 방면에서 성공하기를 바랄 때

의사·학자·저널리스트·문필가 등에 좋은 이름은 다음과 같은 구성을 가진 이름들이다.

B+C	21 · 23 · 24 · 25 · 29 · 31 · 33 · 35 · 38

A+C	11 · 13 · 16 · 25 · 35 · 38

○ 부자가 되기를 바랄 때

A+B	15 · 16 · 24 · 29 · 32 · 33 · 41

A+C	15 · 16 · 24 · 29 · 32 · 33 · 41

○ 스포츠맨이 되기를 바랄 때

스포츠맨이 되려면 무엇보다도 불굴의 정신이 필요하다.

A+B+C	8 · 17 · 18 · 21 · 23 · 25 · 31 · 33 · 37 · 39
A+B	8 · 17 · 18 · 21 · 23 · 25 · 31 · 33 · 37 · 39
A+C	8 · 17 · 18 · 21 · 23 · 25 · 31 · 33 · 37 · 39
B+C	8 · 17 · 18 · 21 · 23 · 25 · 31 · 33 · 37 · 39

○ 누구한테서나 사랑받는 사람이 되기를 바랄 때

성격과 밀접한 관계가 있다. 따라서 자연히 다음과 같은 성명 구성이 필요하다.

A+B	5 · 6 · 11 · 13 · 15 · 16 · 21

○ 재주가 뛰어난 사람이 되기를 바랄 때

재주라고 하지만 그 범위는 대단히 넓다. 여기선 예술, 예능계를 중심으로 구성을 생각해 보기로 하겠다.

A+B	13 · 21 · 24 · 25 · 29 · 31 · 33 · 35 · 38

| A+C | 13 · 21 · 24 · 25 · 29 · 31 · 33 · 35 · 38 |

| B+C | 13 · 21 · 24 · 25 · 29 · 31 · 33 · 35 · 38 |

● 아기가 여자일 때

○ 돈 있는 집안으로 시집가기를 바랄 때

| B+C | 15 · 16 · 24 · 29 |

| A+B+C | 15 · 16 · 24 · 29 |

○ 평범해도 행복한 가정의 주부가 되기를 바랄 때

| A+B | 5 · 6 · 11 · 15 · 16 · 24 · 31 · 35 |

| A+B+C | 5 · 6 · 11 · 15 · 16 · 24 · 31 · 35 |

○ 남자를 능가하는 여장부가 되기를 바랄 때

| A+B | 8 · 13 · 15 · 17 · 18 · 21 · 39 |

B+C	8 · 13 · 15 · 17 · 18 · 21 · 39

A+B+C	8 · 13 · 15;17 · 18 · 21 · 39

○ 예능계에 나아가 성공하기를 바랄 때

A+B	11 · 13 · 24 · 29 · 31 · 35

B+C	11 · 13 · 17 · 18 · 24 · 29 · 31 · 35

A+C	11 · 13 · 24 · 29 · 31 · 35

2) 선천운 사주의 부족을 이름에 보완코자 할 때

① 사주팔자(四柱八字)란 무엇인가?

사주란 사람이 태어난 날의 년(年), 월(月), 일(日), 시(時)를 말한다. 앞에서 말한 대로 음양오행(陰陽五行)에 의한 여덟 글자를 사주팔자라고 한다.

한 생명이 태어날 때 산모와 탯줄을 끊는 그 순간, 우주와 자연의 기(氣)가 새 생명의 배꼽을 통해 들어간다. 이렇게 결정된 사주팔자(四柱八字)의 음양오행이 미래와 만나면서 계속 변화해 나가는 현상, 그것에 나타나는 길흉화복을 필연적 운명으로 보는 것이다.

이는 역학(易學), 사주명리학(四柱命理學), 사주추명학(四柱推命學) 등에서 다루는데, 긴 역사를 가지고 있으며 일반인에게는 매우 어렵고 전문적인 학문이다.

따라서 본책에서는 아기의 이름을 지을 때, 선천운(先天運)인 사주의 부족(不足)한 점을 이름에 보완해 줄 수 있는 방법만 살펴보기로 한다.

먼저 천간(天干)과 지지(地支)를 도표로 참고하기 바란다.

◉ 천간(天干)

甲	乙	丙	丁	戊	己	庚	辛	壬	癸
갑	을	병	정	무	기	경	신	임	계
木		火		土		金		水	

⊙ 지지(地支)

子	丑	寅	卯	辰	巳	午	未	申	酉	戌	亥
자	축	인	묘	진	사	오	미	신	유	술	해
쥐	소	범	토끼	용	뱀	말	양	원숭이	닭	개	돼지
水	土	木	木	土	火	火	土	金	金	土	水

② 사주를 적는 방법

사주를 적는 방법은 만세력(萬歲曆)을 보면 된다.
요즘엔 인터넷으로 운세, 사주 카페 등의 사이트에 방문하여 양력이든 음력이든 생년월일을 넣으면 자동으로 사주가 뽑혀 나오기도 한다.
그 원리들을 도표로 정리하였으니 살펴보기로 하자.

주＼간지	천간	지지
연주	○ ○	○ ○
월주	○ ○	○ ○
일주	○ ○	○ ○
시주	○ ○	○ ○

● 연주(年柱)

연주는 태어난 해의 간지를 적어 넣는다.

◉ 육십갑자(六十甲子)

甲子	乙丑	丙寅	丁卯	戊辰	己巳	庚午	辛未	壬申	癸酉
甲戌	乙亥	丙子	丁丑	戊寅	己卯	庚辰	辛巳	壬午	癸未
甲申	乙酉	丙戌	丁亥	戊子	己丑	庚寅	辛卯	壬辰	癸巳
甲午	乙未	丙申	丁酉	戊戌	己亥	庚子	辛丑	壬寅	癸卯
甲辰	乙巳	丙午	丁未	戊申	己酉	庚戌	辛亥	壬子	癸丑
甲寅	乙卯	丙辰	丁巳	戊午	己未	庚申	辛酉	壬戌	癸亥

● 월주(月柱)

월주는 태어난 달의 간지를 적어 넣는다. 주의해야 할 점은 월주를 적을 때 달력의 월(月)을 그대로 적으면 안 된다. 사주의 월(月)은 절기(節氣)를 기준으로 하기 때문이다.

◎ 예를 들면 양력(陽曆)으로 2010년 2월 5일은 음력(陰曆)으로 2009년 12월 22일이다. 만세력으로 절기를 확인하니 입춘(立春)이 양력으로 2월 4일이다.
이런 경우 아기의 사주 월주를 2009년 12월로 하면 안 되고, 입춘이 지났으니 2010년인 경인(庚寅)년 1월, 즉 무인(戊寅)월로 해야 한다는 것이다.

◉ 월주(月柱)는 년(年)에 따라서 천간(天干)이 바뀐다.

月	1	2	3	4	5	6	7	8	9	10	11	12
地支	寅	卯	辰	巳	午	未	申	酉	戌	亥	子	丑
節氣	立春	驚蟄	淸明	立夏	芒種	小暑	立秋	白露	寒露	立冬	大寒	小寒
절기	입춘	경칩	청명	입하	망종	소서	입추	백로	한로	입동	대한	소한

月＼年	甲, 己	乙, 庚	丙, 辛	丁, 壬	戊, 癸
1	丙寅	戊寅	庚寅	壬寅	甲寅

年＼月	1	2	3	4	5	6	7	8	9	10	11	12
節入	立春	驚蟄	淸明	立夏	芒種	小暑	立秋	白露	寒露	立冬	大寒	小寒
甲	丙寅	丁卯	戊辰	己巳	庚午	辛未	壬申	癸酉	甲戌	乙亥	丙子	丁丑
乙	戊寅	己卯	庚辰	辛巳	壬午	癸未	甲申	乙酉	丙戌	丁亥	戊子	己丑
丙	庚寅	辛卯	壬辰	癸巳	甲午	乙未	丙申	丁酉	戊戌	己亥	庚子	辛丑
丁	壬寅	癸卯	甲辰	乙巳	丙午	丁未	戊申	己酉	庚戌	辛亥	壬子	癸丑
戊	甲寅	乙卯	丙辰	丁巳	戊午	己未	庚申	辛酉	壬戌	癸亥	甲子	乙丑
己	丙寅	丁卯	戊辰	己巳	庚午	辛未	壬申	癸酉	甲戌	乙亥	丙子	丁丑
庚	戊寅	己卯	庚辰	辛巳	壬午	癸未	甲申	乙酉	丙戌	丁亥	戊子	己丑
辛	庚寅	辛卯	壬辰	癸巳	甲午	乙未	丙申	丁酉	戊戌	己亥	庚子	辛丑
壬	壬寅	癸卯	甲辰	乙巳	丙午	丁未	戊申	己酉	庚戌	辛亥	壬子	癸丑
癸	甲寅	乙卯	丙辰	丁巳	戊午	己未	庚申	辛酉	壬戌	癸亥	甲子	乙丑

● 일주(日柱)

일주는 태어난 날의 간지를 적어 넣는다.
만세력이나 달력을 보고 참고하는 것이 편리하다.

● 시주(時柱)

시주는 태어난 시간의 간지를 적어 넣는다.

◉ 시주(時柱)는 일(日)에 따라서 천간이 바뀐다.

子時	丑時	寅時	卯時	辰時	巳時	午時	未時	辛時	酉時	戌時	亥時
11~1	1~3	3~5	5~7	7~9	9~11	11~1	1~3	3~5	5~7	7~9	9~11

日\時	甲, 己	乙, 庚	丙, 辛	丁, 壬	戊, 癸
子	甲子	丙子	戊子	庚子	壬子

支時\時間\日干	子時 11~1	丑時 1~3	寅時 3~5	卯時 5~7	辰時 7~9	巳時 9~11	午時 11~1	未時 1~3	辛時 3~5	酉時 5~7	戌時 7~9	亥時 9~11
甲	甲子	乙丑	丙寅	丁卯	戊辰	己巳	庚午	辛未	壬申	癸酉	甲戌	乙亥
乙	丙子	丁丑	戊寅	己卯	庚辰	辛巳	壬午	癸未	甲申	乙酉	丙戌	丁亥
丙	戊子	己丑	庚寅	辛卯	壬辰	癸巳	甲午	乙未	丙申	丁酉	戊戌	己亥
丁	庚子	辛丑	壬寅	癸卯	甲辰	乙巳	丙午	丁未	戊申	己酉	庚戌	辛亥
戊	壬子	癸丑	甲寅	乙卯	丙辰	丁巳	戊午	己未	庚申	辛酉	壬戌	癸亥
己	甲子	乙丑	丙寅	丁卯	戊辰	己巳	庚午	辛未	壬申	癸酉	甲戌	乙亥
庚	丙子	丁丑	戊寅	己卯	庚辰	辛巳	壬午	癸未	甲申	乙酉	丙戌	丁亥
辛	戊子	己丑	庚寅	辛卯	壬辰	癸巳	甲午	乙未	丙申	丁酉	戊戌	己亥
壬	庚子	辛丑	壬寅	癸卯	甲辰	乙巳	丙午	丁未	戊申	己酉	庚戌	辛亥
癸	壬子	癸丑	甲寅	乙卯	丙辰	丁巳	戊午	己未	庚申	辛酉	壬戌	癸亥

③ 사주를 이름에 보완(補完)하는 방법

만세력이나 인터넷 또는 본책을 참고하여 사주를 적어 넣은 후, 사주의 부족한 부분을 찾아내어 이름으로 보완하는 방법을 살펴보기로 하자. 여기에는 전문가들마다 약간의 견해 차이가 있다.
본책에서는 두 가지 방법을 살펴보려 한다.

● 전체 오행의 과부족(過不足)을 보완하는 방법
어느 사람의 사주든 오행의 과부족은 있기 마련이다. 다만 그 상태가 심하냐 그렇지 않으냐뿐이다. 왜냐하면 수학적으로 볼 때 사주팔자는 여덟 글자인데 오행은 다섯 글자뿐이기 때문이다. 따라서 아무리 좋은 사주라도 균형은 안 맞게 되어있다.

◎ 아래의 도표에서 사주의 부족 오행을 찾은 후, 이름 지을 때 음향오행(音響五行)이나 삼원오행(三元五行)으로 오행의 균형을 맞춰 보완하면 된다. 앞 〈오행의 생극편〉에서 설명이 있었지만, 다음 도표를 다시 살펴본 후 건강과 성품을 고려해 이름에 필요한 오행을 찾는다. 그리고 그 운명을 참고해 결정한다.

◉ 사주의 간지(干支)오행과 기관(器官) 및 성품

五行	천간 (天干)	지지 (地支)	오장 (五臟)	성품 (性品)
木	甲, 乙	寅, 卯	간 (肝)	인(仁)
火	丙, 丁	巳, 午	심장 (心臟)	예(禮)
土	戊, 己	辰, 戌, 丑, 未	위장 (胃臟)	신(信)
金	庚, 辛	申, 酉	폐 (肺)	의(義)
水	壬, 癸	亥, 子	신장 (腎臟)	지(智)

◉ 사주의 오행이 과(過)하거나 부족(不足)할 때 성품

五行 過小	木(仁)	火(禮)	土(信)	金(義)	水(智)
過	편견	사치	아집	과욕	불안정
小	무정	박정	인색	우유부단	도량협소

● 용신(用神)으로 보완하는 방법

용신은 조후용신(調候用神)이라고도 하는데, 이는 사주에 필요한 천간오행(天干五行)을 말하는 것이다. 그런데 이것도 사주 전문가들마다 견해의 차이가 있다.

본책에서는 생월(生月)과 생일(生日)을 참고해 필요한 오행을 찾는 방법을 살펴보기로 한다.

生月\生日		甲日	乙日	丙日	丁日	戊日	己日	庚日	辛日	壬日	癸日
1	寅月	丙(丁)	丙(丁)	壬	庚	丙	丙	丙(丁)	己	庚	辛
2	卯月	庚	丙(丁)	壬	庚	丙	甲	丁(丙)	壬	戊	庚
3	辰月	庚	癸	壬	甲	甲	癸	甲	壬	甲	辛
4	巳月	癸(壬)	癸(壬)	壬(癸)	甲	甲	癸(壬)	壬	壬(癸)	壬	辛
5	午月	癸(壬)	癸(壬)	壬(癸)	壬(癸)	壬(癸)	癸(壬)	壬(癸)	壬(癸)	癸(壬)	庚(辛)
6	未月	癸(壬)	癸	壬(癸)	甲	癸	癸(壬)	丁(丙)	壬(癸)	辛	庚(辛)
7	申月	丁	丙	甲	甲	丙	丙	丁(丙)	壬(癸)	戊	丁(丙)
8	酉月	丁	癸	壬	甲	丙	丙	丁(丙)	壬(癸)	甲	丙(丁)
9	戌月	庚	癸(壬)	甲	甲	甲	甲	甲	壬	甲	辛(庚)
10	亥月	庚	丙(丁)	壬	甲	甲	丙(丁)	丁	壬	戊	庚(辛)
11	子月	丁(丙)	丙(丁)	壬	甲	丙	丙(丁)	丁	丙	戊	丙(丁)
12	丑月	丁(丙)	丙(丁)	壬	甲	丙	丙(丁)	丙(丁)	丙	丙(丁)	丙(丁)

◎ 앞 도표에서 용신의 천간오행을 찾았는데 마침 그 오행이 사주 천간에 있으면 좋은 사주다. 따라서 이름을 짓는 데 오행의 선택폭이 크고 자유롭다. 그러나 그 천간오행이 사주의 천간에 없다면 이름 지을 때 음향오행(音響五行)이나 삼원오행(三元五行)으로 그 오행을 보완할 필요가 있다는 것이다.

◎ 앞에 있는 〈오행편〉의 도표들을 살펴보고 건강과 성품, 그리고 그 운명을 참고해 필요한 오행을 결정한다.

3) 좋은 이름의 구성- 종합정리

좋은 이름의 구성이란, 앞에서 살펴본 대로 〈6대 요소〉를 결함 없이 두루 갖추고 있는 것을 말한다. 그런 이름이라야 운명의 길한 힘을 발휘할 수 있다.

따라서 이름을 지을 때 이 6대 요소부터 머릿속에 확고히 새겨 둘 필요가 있다. 또 한 요소, 한 요소 확인에 확인을 거듭하는 절차를 밟아 나가야 한다.

다시 말하면 고운 이름, 웅장한 이름, 부르기 좋은 이름, 보기 좋은 이름 할 것 없이 모두가 6대 요소 속에서 자연스럽게 지어진 이름이어야만 한다는 것이다.

그런 점에서 이름을 짓는다는 것은 음악 · 미술 · 문학 · 건축 등 창조 예술과도 같은 것일 게다.

그러나 한두 가지도 아닌 여섯 가지나 되는 요소를 두루 이름으로 하여금 갖추게 한다는 것은 결코 용이한 일이 아니다. 그러나 그것을 감내해야 할 가치가 거기에는 충분히 있다. 마음에 안 든다고 쉽게 바꿀 수 있는 것이 아니기 때문이다.

그것은 아기(또는 자신)하고 평생을 같이해야 할, 그 어떠한 것하고도 바꿀 수 없는 생명 다음 가는 것이라 해도 좋을 만큼이나 소중한 이름이기 때문이다.

다시 그 요소들을 종합해 정리하면 다음과 같다.

1) 음양배열(陰陽配列)

① 성자가 〈음〉일 때는 ● ○ ○　● ● ○　● ○ ●
② 성자가 〈양〉일 때는 ○ ● ●　○ ○ ●　○ ● ○
③ ● ● ●　○ ○ ○ 순음격, 순양격은 절대로 피해야 한다.

2) 수리배치 (數理配置)

원·형·이·정의 각 격부가 저마다 길격을 이루도록 수리를 배치한다. 방법은 성자를 제외한 이름 각자의 자리에 수리를 배치한 다음, 앞의 수리배치의 도표에 따라 원·형·이·정의 수를 산출한다. 그 다음 〈수리의 운명(P.32)〉편에서 길흉과 운명의 내용들을 살펴본다. 다음은 그 내용들 중에서 참고해야 할 사항들을 분류한 것이다. 한자의 획수는 P.287 를 참고하자.

● 좋은 영향을 주는 강한 수리

5 15 위의 도움을 입어 파죽지세로 성공한다. 아량과 화합이 부귀를 가져다주는 수리이다.

6 16 인망 또는 지위하고 인연이 깊다. 재록이 풍부하고 중년 이후에 대성하는 암시가 있다.

11 31 순풍에 돛을 단 듯, 개척정신으로 자립 대성한다. 여성에게도 길수이다.

⑰ 예능·예술 계통에서 성공한다.

⑱ 지모출중, 의지견고, 거기에 스태미나가 왕성하다.

㉓ 당대에 지위, 재산을 쉽게 쌓는다. 단 여성은 예외다.

㉔ 무에서 유를 생산, 재운이 강하다. 또 재략·지모가 출중하다.

㉝ 이상적인 발달을 할 수 있다. 단 여성은 예외다.

● 나쁜 영향을 주는 강한 수리

⑨ 역경의 암시를 내포하고 있다.

⑩⑳ 단명의 암시가 있다. 단 수가 중복되면 장수한다.

⑫㉒ 과욕을 부리면 역부족, 중도에서 좌절한다.

⑭ 고독, 번뇌, 병약, 단명 등의 흉 암시가 있다.

㉘ 백사가 뜻과 같지 않고, 조난·상해의 위험성이 있다.

㉞ 건강운·가정운 모두 나쁘다. 단명·형액·자살 등 흉운이 매우 강한 수리이다.

㊸ 남녀 모두 불륜·부정·색욕에 빠질 위험이 있다.

㊹ 패가망신, 만사불성, 가족이별, 평생방황 등 한마디로 되는 일이 없는 대 흉수이다. 때로 위인·열사·열녀·효자·발명가가 나타나는 수이다.

● 남성은 길하나 여성은 가정운이 흉한 수리

㉑ 　 남성은 두령운이나, 여성은 혼자 사는 암시가 있다.

㉓ 　 남성은 융창운이나, 여성은 과부가 되는 흉수이다.

㉝ 　 남성은 왕성운이나, 여성은 재혼, 삼혼의 흉수이다.

㊴ 　 남성은 장수운이나, 여성은 과부가 되는 흉수이다.

● 중복될 때 강하게 지배하는 운명의 수리

다음에 분류한 수리들은 원·형·이·정(元亨利貞) 4격부 중 2격부 이상만 일치하면 반드시 그 분류의 운명의 지배를 받게 된다.

이름을 감정할 때 또는 이름을 지을 때 반드시 염두에 둘 필요가 있다.

① 리더 · 권위
　　3 · 16 · 21 · 23 · 31 · 33 · 39.
② 정 치
　　7·8·11·17·18·21·25·31·32·37·41·47.
③ 지능 · 지략
　　3·9·10·13·14·15·16·18·19·20·21·22·23·24·25·27·29.

④ 학술 · 학문
3·13·21·23·24·25·29·31·33·35·38·39·41·45·48.

⑤ 예술 · 예능
1·3·5·6·11·15· 16·18·21·23·32·33. (예술)
13·14·24·25·26·29·33·35·36·38·42. (예능)

⑥ 강직 · 완고
7·8·11·17·18·21·25·31·37·41·47.

⑦ 살신성인
26·36.

⑧ 거부 · 거재
9·19·27.

⑨ 스포츠
기본수리 : 7·8·11·17·18·21·23·25·31·33.
보조수리 : 13·14·24·25·26·29·33·35·36·38·42.

⑩ 미모 · 미녀
미모 : 4·12·14·18·22·24·31·37·41. (男女)
미녀 : 15·19·20·24·25·28·32·33·42. (女)

⑪ 단명 · 요절
4·9·10·14·19·20·26·34·40·44·54·60·69.

⑫ 조난 · 급사
2·9·19·14·19·20·22·28·30·34·44·50·53.

⑬ 유혈살상
8·19·23·27·33·34·44·50.

3) 음향오행(音響五行)

지어진 이름의 소리오행이 주음의 오행 간에 상생을 이루고 있는지 살펴본다.
　① 「주 오행」이 상생관계를 이루고 있으면 길(吉).
　② 「주 오행」이 상극관계를 이루고 있으면 흉(凶).
앞에서도 언급했지만 성씨마다 25종의 오행을 가진다. 그중에서 5~6종은 길(吉), 8종은 흉(凶), 11종은 반길반흉(半吉半凶)이다. 이름은 반드시 〈음향오행 (P.115)〉편을 확인해야 한다.

4) 삼원오행(三元五行)

배치가 끝난 「수리배치」를 두고 천·인·지의 삼원오행이 상생관계로 상호 조화를 이루고 있나 살펴본다. 조화가 이루어질 수 없을 때는 이 「수리배치」는 미련 없이 버려야 한다. 일생을 살아가는 건강문제이기 때문이다.

5) 자의(字義)

글자의 뜻, 곧 자의는 이름의 정신이다. 고상한 뜻을 지닌 글자는 이름을 고상한 방향으로 유도한다.
자의는 이름의 품위를 좌우한다고 해도 과언이 아니다.
그러나 새로 지어진 이름은 명사(名詞)가 아니고 조어(造語)이기 때문에 처음에는 자연스럽지 않을 수도 있다.
① 글자를 정한 후 〈이름에 피하는 것이 좋은 글자(P.279)〉편을 반드시 확인하기 바란다.
② 글자의 정확한 한자 획수를 확인하기 위해 〈이름에 많이 쓰이는 한자(P.287)〉편을 반드시 확인하기 바란다. 이름에 쓰이는 한자는 자전(字典)과 획수의 차이가 있을 수도 있는데, 이는 이름에 쓰이는 한자는 상형한자를 기준으로 하기 때문이다.

6) 사주(四柱)

사주는 선천운이다. 이름을 지을 때 선천운을 살펴보아야 하는 이유는 세상 어느 사람의 사주든 오행의 균형이 맞지 않기 때문이다. 사주팔자(四柱八字)는 여덟 글자이고 오행은 다섯 글자이기 때문에 당연히 비례가 맞지 않게 되어있다. 그래서 이름을 지을 때 최대한 그 비례를 맞춰줌으로써 선천운의 결함을 이름으로 보완해주자는 것이다. 그런데 이점이 일반인에게는 쉽지 않아 보통은 지나치게 마련이다. 그러나 아기를 위해 부모가 노고를 투자할 가치는 충분할 것이다. 〈선천운 사주의 부족을 이름에 보완코자 할 때(P.229)〉편을 참고하기 바란다. 만세력으로 사주 작성이 어려우면 인터넷의 도움을 받아보자.

2. 오행을 맞춘 한글 이름

요즘 우리 주변에는 아름다운 순수 우리말로 지어진 이름들을 자주 보게 된다. 한자(漢字)문화권에 살면서도 우리말을 찾으려는 뜻있는 젊은 부모들의 이런 결정을 높이 평가하고 싶다. 좋은 한글 이름을 짓기 위해 성명철학에서 참고해야 할 점들을 살펴보자.

1. 한글 이름은 성명의 6대 요소 중에서 4요소(陰陽配列, 數理配置, 三元五行, 字義)는 한자(漢字)의 획수(劃數)와 뜻을 참고하는 것이기 때문에 제외한다.

◎ 한글의 획수를 필순대로 계산하여 그 수를 수리배치에 적용하기도 하는데 본책에서는 이를 제외하려 한다. 한글 이름의 역사가 아직은 짧아 한글 획수에 의한 운명론 검증이 부족하기 때문이다. 오랜 역사를 가지고 통계적으로 공통된 내용을 갖고 있는 한자의 이름처럼 검증되려면 연구와 시간이 더 필요하다.

2. 한글 이름은 성명의 6대 요소 중에서 2요소(音響五行, 四柱)만을 참고한다. 소리(音)오행과 선천운(先天運) 사주만으로도 좋은 한글 이름을 지을 수 있다.

2. 오행을 맞춘 한글 이름

● 음향오행을 맞춘 우리말 이름 자료
- 성씨(姓氏)와 아래 두 자의 이름에 〈음향오행(P.115)〉편을 참고해 전체 오행을 정한 후 반드시 그 내용을 확인해야만 한다.
- 이름이 한 글자인 경우 성씨(姓氏)의 오행과 상극(相剋)관계만 살펴본다.
- 더 필요한 자료는 국어 사전을 참고하자.

오행	木	火	土	金	水
주음	ㄱ,ㅋ	ㄴ,ㄷ,ㄹ,ㅌ	ㅇ,ㅎ	ㅅ,ㅈ,ㅊ	ㅁ,ㅂ,ㅍ

ㄱ·ㅋ (木)

가람(木火), 가득(木火), 고른(木火), 구름(木火), 그림(木火)
기림(木火), 꽃님(木火), 큰님(木火), 겨레(木火), 기쁨(木水)
길벗(木水), 큰길(木木), 길(木)

- 木(ㄱ)으로 시작되는 성씨(姓氏)가 쓰면 길(吉)하다.
- 水(ㅁ,ㅂ,ㅍ)로 시작되는 성씨가 쓰면 길하다.
- 火(ㄴ,ㄷ,ㄹ,ㅌ)로 시작되는 성씨가 쓰면 길하다.

ㄴ · ㄷ · ㄹ · ㅌ
(火)

나라(火火), 나래(火火), 두리(火火), 누리(火火), 달님(火火)
리라(火火), 튼튼(火火), 나영(火土), 다운(火土), 날개(火木)
단꿈(火木), 더큰(火木), 님(火)

－木(ㄱ)으로 시작되는 성씨(姓氏)가 쓰면 길(吉)하다.
－土(ㅇ, ㅎ)로 시작되는 성씨가 쓰면 길하다.

ㅇ · ㅎ
(土)

아람(土火), 아름(土火), 오름(土火), 우리(土火), 하나(土火)
한나(土火), 하늘(土火), 희라(土火), 은하(土土), 한얼(土土)
한울(土土), 한샘(土金), 임(土)

－土(ㅇ, ㅎ)로 시작되는 성씨(姓氏)가 쓰면 길(吉)하다.
－火(ㄴ, ㄷ, ㄹ, ㅌ)로 시작되는 성씨가 쓰면 길하다.
－金(ㅅ, ㅈ, ㅊ)으로 시작되는 성씨가 쓰면 길하다.

ㅅ · ㅈ · ㅊ
(金)
새벗(金水), 새봄(金水), 새빛(金水), 솔봄(金水), 새암(金土) 새한(金土), 솔잎(金土), 송이(金土), 조아(金土), 조은(金土) 채운(金土), 찬(金), 샘(金)

-金(ㅅ,ㅈ,ㅊ)의 성씨(姓氏)가 쓰면 길(吉)하다.
-土(ㅇ,ㅎ)로 시작되는 성씨가 쓰면 길하다.
-水(ㅁ,ㅂ,ㅍ))로 시작되는 성씨가 쓰면 길하다.

ㅁ · ㅂ · ㅍ
(水)
보미(水水), 보배(水水), 별빛(水水), 풀빛(水水), 포근(水木) 봄길(水木), 별꽃(水木), 빛골(水木), 빛길(水木), 보슬(水金) 봄(水), 빛(水), 별(水)

-金(ㅅ,ㅈ,ㅊ)의 성씨(姓氏)가 쓰면 길(吉)하다.
-木(ㄱ))으로 시작되는 성씨가 쓰면 길하다.

3. 오행을 맞춘 영어 이름

우리는 지금 글로벌시대에 살고 있다. 많은 유학생, 장기 해외 체류자, 해외교포들이 해외에서 아기를 낳고 생활하고 있다. 이때 두 개의 이름을 짓는데, 하나는 한국 이름이고 또 하나는 영어 이름이다. 영어 이름은 아기가 해외에서 출생신고를 하고 외국인과 생활하며 학교에 가기 위해서는 필수인 것 같다. 글로벌시대에 한국에서 태어난 아기에게도 영어 이름을 미리 지어주는 건 어떨까.

아기가 자라서 조기유학을 떠나거나 영어권에서 활동할 것을 대비해 좋을 듯하다. 영어 이름이 성명철학과 무슨 관계냐고 할지 모르지만, 영어도 소리(음)문자이니 아래의 네 가지는 참고해 보는 것이 좋다.

1. 아기의 사주는 시차를 계산해 한국 시간으로 정한다. 어느 원로 사주 전문가의 이야기에 의하면, 자신이 많은 외국인들의 운명을 감정해 보았는데 한국 시간으로 환산해 본 것이 더 정확했다고 한다.

2. 한글 이름처럼 음향오행(音響五行)에 영어 발음을 맞춰본다. 단 우리의 이름과 다른 점은 성(姓)의 위치다. 영어 이름은 First name(Given names)인 이름이 앞에 오고 Last name(Surname)인 성(姓)이 뒤에 온다.

따라서 이 점만은 유의해 오행의 착오가 없어야 한다.

3. 남녀를 구분해 결정한다. 우리 이름도 대체로 남자와 여자의 이름이 구분되듯이 영어 이름도 역시 남녀가 다르게 쓰고 있다.

4. 뜻, 어원, 이미지 등을 살펴보고 흑인, 인디언, 러시아인, 유태인, 히피, 히스페닉계 등이 주로 쓰는 이름인가를 확인할 필요가 있다. 또 마피아, 카우보이, 노동계층, 시골뜨기, 코미디언, 유럽의 귀족, 왕족들이 많이 쓰는 이름들도 피하는 게 좋다. 잘못하면 한글 이름과 마찬가지로 놀림을 받을 수 있기 때문이다.

USA Social Security Administration statistics as of May 2010 에서 다음 내용을 발췌했다.
* Top 100 Most Popular Names For Boys
* Top 100 Most Popular Names For Girls
　더 필요한 정보는 참고 사이트를 방문해 보기 바란다.

◎ 참고 사이트
　　http://www.socialsecurity.gov/OACT/babynames/
　　http://baby-names.familyedcation.com/
　　http://www.parents.com/baby-names/

1) Top 100 Most Popular Names For Boys/ 2010

1. Jacob	2. Michael
3. Ethan	4. Joshua
5. Daniel	6. Alexander
7. Anthony	8. William
9. Christopher	10. Matthew
11. Jayden	12. Andrew
13. Joseph	14. David
15. Noah	16. Aiden
17. James	18. Ryan
19. Logan	20. John
21. Nathan	22. Elijah
23. Christian	24. Gabriel
25. Benjamin	26. Jonathan
27. Tyler	28. Samuel
29. Nicholas	30. Gavin
31. Dylan	32. Jackson
33. Brandon	34. Caleb
35. Mason	36. Angel
37. Isaac	38. Evan
39. Jack	40. Kevin
41. Jose	42. Isaiah
43. Luke	44. Landon
45. Justin	46. Lucas
47. Zachary	48. Jordan
49. Robert	50. Aaron

51. Brayden	52. Thomas
53. Cameron	54. Hunter
55. Austin	56. Adrian
57. Connor	58. Owen
59. Aidan	60. Jason
61. Julian	62. Wyatt
63. Charles	64. Luis
65. Carter	66. Juan
67. Chase	68. Diego
69. Jeremiah	70. Brody
71. Xavier	72. Adam
73. Carlo	74. Sabastian
75. Liam	76. Hayden
77. Nathaniel	78. Henry
79. Jesus	80. Ian
81. Tristan	82. Bryan
83. Sean	84. Cole
85. Alex	86. Eric
87. Brian	88. Jaden
89. Carson	90. Blake
91. Ayden	92. Cooper
93. Dominic	94. Brady
95. Caden	96. Josiah
97. Kyle	98. Colton
99. Kaden	100. Eli

◎ 다음은 앞 리스트 중에서 만국발음기호를 사용하여 음향오행(音響五行)에 맞는 이름들을 예로 발췌한 것이다.
Last name인 성씨(姓氏)만 이름의 뒤에 붙여보자.

姓	木姓	火姓	土姓	金姓	水姓
주음	ㄱ	ㄴ,ㄷ,ㄹ,ㅌ	ㅇ,ㅎ	ㅅ,ㅈ,ㅊ	ㅁ,ㅂ,ㅍ

이름	어원 및 이미지	오행	성씨
Ethan íθən	어원: 히브리어, 확고한 이미지: 머리가 좋은 상류층	土金	水,土,金
Daniel dǽnjəl	어원: 히브리어, 하느님은 심판자 이미지: 용감하고 친절한 남성	火火土	金,火,土
Matthew mǽθju:	어원: 히브리어, 하느님의 선물 이미지: 귀엽고 외향적이며 근면	水金土	金,火,土
Andrew ǽndru:	어원: 그리스어, 남성적인 이미지: 건장한 체격 활달한 남성	土火火	土,木
Joseph dʒóuzəf	어원: 히브리어, 증축시킬 것이다 이미지: 강인하면서 조용한 남성	金金水	木,金,水
James dʒéimz	어원: 히브리어, 대신하는 자 이미지: 지적이며 공정한 사람	金土金	水,土,金
Ryan ráiən	어원: 아일랜드, 어린 왕 이미지: 미남에 활기 넘치는 남성	火土土	金,火
Gavin gǽvin	어원: 웨일스어, 하얀 매 이미지: 세련되고 언변이 좋은 남성	木水	木,金,水
Dylan dílən	어원: 고대 웨일스어, 바다 이미지: 재능 있는 아티스트	火火	土,木
Mason méisən	어원: 고대 프랑스어, 석조 세공사 이미지: 사업가, 전문직 남성	水金	水,土,金
Isaac áizək	어원: 히브리어, 그는 웃는다 이미지: 두뇌가 명석한 학자	土土金	水,土,金
Evan évən	어원: 웨일스어, 젊은 전사 이미지: 지적, 창의적인 미남 청년	土金	水,土,金

3. 오행을 맞춘 영어 이름

이름	어원/이미지		
Kevin kévin	어원: 아일랜드 게일어, 사랑스러운 이미지: 다정하고 친절한 남성	木水	木,金,水
Jose houséi	어원: 히브리어, 증축시킬 것이다 이미지: 유쾌하고 터프한 성격	土金	水,土,金
Isaiah aizéiə	어원: 히브리어, 신은 나의 위안 자 이미지: 현명하고 신앙심 깊은 학자	土金土	金,火,土
Luke luːk	어원: 그리스어, Lucius의 형태 이미지: 재미있고 다정, 억센 남자	火木	火,水,木
Aaron ɛ́ərən	어원: 히브리어, 문명의 이미지: 차분하고 유능한 지도자	火土	金,火,土
Adrian éidriən	어원: 라틴어, 피부, 눈, 머리가 검은 이미지: 다정하고 사려 깊은 남성	土火火土	金,火,土
Connor kánər	어원: 아일랜드, 지혜로운 조력자 이미지: 재치 만점의 스포츠맨	木火	土,木,火
Owen óuən	어원: 웨일스어, 젊은 전사 이미지: 다정하고 믿음 가는 스타일	土土	金,火
Jason dʒéisən	어원: 그리스어, 치료자 이미지: 단정하고 인기 많은 소년	金土金	水,土,金
Luis luːís	어원: 어원 그리스어, Lucius의 형태 이미지: 재미있고 다정, 억센 남자	火土金	水,土,金
Chase tʃeis	어원: 고대 프랑스어, 사냥꾼 이미지: 지적이고 성공한 인물	金土金	水,土,金
Adam ǽdəm	어원: 히브리어, 붉은 땅 이미지: 잘 생긴 외모, 좋은 머리	土火	土,木,火
Carlo káːrolu	어원: 고대 독일어, 남자다운 이미지: 조용하고 부드러운 남자	木火火	土,木
Liam liəm	어원: 고대 독일어, 단호한 감시인 이미지: 영리하고 튼튼한 남성	火土	金,火,土
Hayden héidən	어원: 영국 영어, 계곡 이미지: 강인하고 운동 잘 하는 남성	土火	土,木,火
Ian iən	어원: 히브리어, 신은 자비로우시다 이미지: 지적이고 재치가 있는 남성	土土	金,火
Sean ʃɔːn	어원: 히브리어, 신은 자비로우시다 이미지: 잘 생기고 모험심 강한 남자	金	水,土,金
Eric érik	어원: 고대 스칸디나비아어, 지배자 이미지: 자신만만하고 지적인 남성	土火	土,木,火

2) Top 100 Most Popular Names For Girls/ 2010

1. Emma	2. Isabella
3. Emily	4. Madison
5. Ava	6. Olivia
7. Sophia	8. Abigail
9. Elizabeth	10. Chloe
11. Samantha	12. Addison
13. Natalie	14. Mia
15. Alexis	16. Alyssa
17. Hannah	18. Ashley
19. Ella	20. Sarah
21. Grace	22. Taylor
23. Brianna	24. Lily
25. Hailey	26. Anna
27. Victoria	28. Kayla
29. Lillian	30. Lauren
31. Kaylee	32. Allison
33. Savannah	34. Nevaeh
35. Gabriella	36. Sofia
37. Makayla	38. Avery
39. Riley	40. Julia Leah
41. Leah	42. Aubrey
43. Jasmine	44. Audrey
45. Katherine	46. Morgan
47. Brooklyn	48. Destiny
49. Sydney	50. Alexa

51. Kvlie	52. Brooke
53. Kaitlin	54. Evelyn
55. Layla	56. Madeline
57. Kimberly	58. Zoe
59. Jessica	60. Peyton
61. lexandra	62. Claire
63. Madelyn	64. Maria
65. Mackenzie	66. Arianna
67. Jocelvn	68. Amelia
69. Angelina	70. Trinity
71. Andrea	72. Maya
73. Valeria	74. Sophie
75. Rachel	76. Vanessa
77. Aaliyah	78. Mariah
79. Gabrielle	80. Katelyn
81. Ariana	82. Bailey
83. Camilla	84. Jennifer
85. Melanie	86. Gianna
87. Charlotte	88. Paige
89. Autumn	90. Payton
91. Faith	92. Sara
93. Isabelle	94. Caroline
95. Genesis	96. Isabel
97. Mary	98. Zoey
99. Gracie	100. Megan

◎ 다음은 앞 리스트 중에서 만국발음기호를 사용하여 음향오행(音響五行)에 맞는 이름들을 예로 발췌한 것이다. Last name인 성씨(姓氏)만 이름의 뒤에 붙여보자.

姓氏	木姓	火姓	土姓	金姓	水姓
주음	ㄱ	ㄴ,ㄷ,ㄹ,ㅌ	ㅇ,ㅎ	ㅅ,ㅈ,ㅊ	ㅁ,ㅂ,ㅍ

이름	어원 및 이미지	오행	성씨
Chloe klóui	어원: 그리스어, 어린 잔디 이미지: 조용한 성격의 인기 여성	木火土	金,火,土
Samanthas səmǽnθəs	어원: 아랍어, 경청자 이미지: 생기 넘치고 매혹적인 미인	金水金	水,土,金
Hannah hǽnə	어원: 히브리어, 우아한 이미지: 부유한 여성	土火	土,木,火
Ella élə	어원: 고대 영어, 아름다운 여성 이미지: 유쾌하고 친근감 있는 여성	土火	土,木,火
Grace greis	어원: 라틴어, 우아한 이미지: 조용하지만 다정한 여성	木火土金	水,土,金
Taylor tèilər	어원: 영국영어, 재단사 이미지: 환한 미소의 미국 여인	火土火	土,木,火
Lily líli	어원: 라틴어, Lillian의 애칭 이미지: 수줍고 로맨틱한 금발 미인	火火	土,木
Anna ǽnə	어원: 히브리어, 우아한 이미지: 친절하고 부지런한 여성	土火	土,木,火
Lillian líliən	어원: 라틴어, 백합꽃 이미지: 말은 많아도 멋진 여성	火火土	金,火,土
Lauren lɔ́:rən	어원: 라틴어, 월계관 이미지: 사랑스러우며 영리한 미녀	火火	土,木
Kaylee keilí:	어원: 그리스어, 순수한 이미지: 작은 체구 귀여운 외모	木火	土,木,火
Julia dʒú:ljə	어원: 라틴어, 젊은 이미지: 친절하고 생기 넘치는 여인	金土火土	金,火,土

이름	어원/이미지	오행	
Leah líːə	어원: 히브리어, 지친 이미지: 갈색머리 귀여운 여성	火土	金,火,土
Jasmine dʒǽzmin	어원: 페르시아, 자스민 꽃 이미지: 예쁘고 부드럽고 자유 여인	金金水	木,金,水
Audrey ɔ́ːdri	어원: 고대 영어 이미지: 세련되고 유머 있는 여성	土火火	土,木
Morgan mɔ́ːrɡən	어원: 스코틀랜드, 바다의 끝 이미지: 아름답고 멋진 금발 미인	水木	火,水,木
Zoe zóui	어원: 그리스어, 생명 이미지: 신중하고 믿음이 가는 여성	金土土	金,火,土
Claire klɛər	어원: 그리스어, 밝은, 빛나는 이미지: 닻ㅇ하고 친절한 여인	木火土	金,火,土
Arianna ɑriánɑ	어원: 그리스어, 성스러운 이미지: 매력적인 검은 머리 여성	土火土火	土,木,火
Angelina ǽndʒəlíːnə	어원: 그리스어, 천사 이미지: 조용하고 수줍은 여성	土金火火	土,木,火
Andrea ǽndriɑ	어원: 라틴어, 여성스러운 이미지: 밝은 성격 부드러운 여성	土火火土	金,火,土
Sophie sóufi	어원: 그리스어, 지혜 이미지: 체격이 좋은 여성	金水	木,金,水
Rachel réitʃəl	어원: 히브리어, 암양 이미지: 차분하고 지적인 여인	火土金	水,土,金
Katelyn kéitlin	어원: 이미지: 파란 눈의 친절한 소녀	木火火	土,木
Gianna dʒiánɑ	어원: 이태리아어, 애칭 이미지: 키 큰 유쾌한 성격 미인	金土火	土,木,火
Paige peidʒ	어원: 고대 영어, 어린이 이미지: 지적이며 재미있는 여성	水金	水,土,金
Autumn ɔ́ːtəm	어원: 라틴어, 가을 이미지: 키가 크고 예쁜 소녀	土火	土,木,火
Caroline kǽrəláin	어원: 라틴어, 작고 여성스러운 이미지: 검은 미리의 매력적인 여성	木火火土	金,火,土
Isabel ízəbèl	어원: 고대 스페인, 신에게 바친 이미지: 재미있으며 정열적인 미인	土金水	木,金,水
Megan míːɡən	어원: 그리스어, 위대한 이미지: 귀여운 꼬마 요정	水木	火,水,木

4. 오행으로 본 상호(商號)

상호도 성명과 같이 이름이다. 따라서 길흉이라는 운명의 암시가 있고 그 지배를 받게 되니 매우 중요하다.
기존의 상호를 감정해 보거나 또 창업에 따른 새로운 상호를 작명하는 일은 성명의 감정 및 작명방법과 같다.
상호를 작명할 때 참고해야 할 점 몇 가지를 살펴보자.

1) 상호의 작명은 창업자, 대표자의 성씨(姓氏)에 맞추어야 한다. 똑같은 상호라도 어느 성씨가 사용하느냐에 따라 그 운은 전혀 다르다.

2) 상호는 성명보다 일반적으로 글자의 수가 많게 되는데, 성명처럼 앞의 두 자 또는 석 자만을 중시한다. 상호 전체의 글자를 성명철학에 맞추려고 무리하게 수리계산과 오행을 따질 필요는 없다. 물론 그렇게 하여 잘 맞추게 된다면 다행한 일이나 작명에 너무나 많은 제약(制約)을 초래한다.

◎ 예를 들면 ○○주식회사(株式會社), ○○건설회사(建設會社), ○○백화점(百貨店), ○○출판사(出版社)의 경우에 주식회사(株式會社), 건설회사(建設會社), 백화점(百貨店), 출판사(出版社)는 업종별 명칭이므로 굳이 성명철학에 맞출 필요는 없다. 그것은 마치 사람의 이름 뒤에 붙는 선생

(先生), 사장(社長), 박사(博士)와 같은 호칭까지 성명철학에 대입시키려는 무리한 일일 것이다.

3) 상호도 개명(改名)할 수 있다. 기업이 어려움을 겪게 될 때는 원인이 있겠지만 상호의 개명도 한번 검토해 볼 일이다. 새로운 이미지로 성공한 실제의 예가 많기 때문이다.

4) 음향오행(音響五行)만으로 본 상호(商號)의 예들을 몇 가지만 들어보기로 한다.

상업(土生金), 신한(土生金), 조흥(土生金), 제일(土生金), 국민(水生木), 우리(火生土), 하나(火生土), 농협(火生土)
- 위 금융기관들의 상호는 모두 오행의 상생(相生)을 이루고 있다.

한보(土剋水), 진로(火剋金), 나산(火剋金), 국제(金剋木), 갑을(木剋土), 조광(金剋木), 청구(金剋木), 백양(水剋土)

- 음향오행이 성명 철학의 한 요소일 뿐이지만 상호(商號)가 오행의 상극(相剋)을 이루고 대표자의 사주와 맞지 않으면 음파(音波)의 작용 때문에 불리하다.

5. 운명의 개척 개명(改名)

최근 우리나라에서 개명하는 사람이 1년에 약 15만 명에 이른다는 통계가 나왔다. 그리고 1955년 한 해 동안은 초등학교 학생들에게만 잘못된 이름을 고칠 수 있도록 대법원이 허락을 했던 적도 있다. 인기 연예인들의 경우 본명은 따로 있다는 이야기도 가끔 듣게 된다.
이와 같이 나쁜 이름, 불만 있는 이름, 성명철학으로 볼 때 불길(不吉)한 운을 암시하고 있는 이름들은 적극적으로 개명을 하기도 한다.

1) 아래의 경우 개명을 고려해 볼 필요가 있다
 * 사용하는 이름과 호적의 이름이 다른 경우
 * 나쁜 별명으로 불리게 되는 경우
 * 발음이 욕설로 들리거나 수치감을 주는 경우
 * 흉악 범죄자의 이름과 동일하여 피해를 받는 경우
 * 가까운 친척 중에 같은 이름을 쓰는 사람이 있는 경우
 * 한자(漢字) 이름을 한글 이름으로, 한글 이름을 한자 이름으로 바꾸는 경우
 * 성명철학으로 볼 때 불길(不吉)하다고 판단되는 경우
 * 기타 이름 사용에 불편함이 타당한 경우

2) 개명 절차

* 개명할 이름을 정한 후 주소지 관할 가정법원에 개명허가신청을 한다.
* 법원의 허가 〈결정〉문을 받는다.
* 개명신고서에 법원의 결정문을 첨부하여 시, 군, 구, 읍, 면, 동에 신고한다.

3) 개명허가신청 준비서류

* 개명허가신청서(서식견본– 성년자, 미성년자용 참고)
* 신청이유서(서식견본– 성년자, 미성년자용 참고)
* 첨부서류
  1. 본인의 기본증명서와 가족관계증명서 .... 각 1통
  2. 본인의 부와 모의 가족관계증명서 .... 각 1통
  3. 본인의 자녀의 가족관계증명서 .... 각 1통
  4. 주민등록등본 1통
  5. 범죄경력조회(경찰서발행) 1통

4) 개명신고 준비서류

* 개명하고자 하는 사람은 본적지 또는 주소지를 관할하고 있는 가정법원의 허가를 받은 날로부터 1개월 이내에 시, 군, 구, 읍, 면, 동에 신고해야 한다.
* 개명신고서(뒷면의 서식견본 참고)
* 첨부서류
 1. 개명허가결정등본 1부
 2. 신분확인(가족관계등록예규 제 23호에 의함)
  - 신고인이 출석한 경우 : 신고인의 신분증명서
  - 제출인이 출석한 경우 : 제출인의 신분증명서
  - 우편 제출의 경우 : 신고인의 신분증명서 사본

◎ 개명신고를 마친 후 새로운 주민등록등본과 주민등록증을 지참하고 자신이 관련된 각 기관에 신고한다. 예를 들면 은행, 학교, 보험사, 카드사, 여권, 운전면허증, 각종 허가증 등이다.

◎ 개명 절차는 대리인에게 의뢰할 수도 있고 직접 할 수도 있다. 법원의 허가〈결정〉문을 받기까지는 약간의 시간이 걸리지만, 인지대와 송달료 외에는 큰 비용이 들지 않는다. (국번 없이 120번에 전화하면 자세한 내용을 안내받을 수 있다.)

5) 개명의 효과

나쁜 이름을 개명하여 사용하면 그동안 불편했던 마음도 점차 사라지게 될 테니 좋은 일이 아닌가. 그리고 기분이 좋아지는 만큼 운명도 조금씩 바뀔 것이다.

개명한 후 적극적으로 법원의 허가를 받고 신고를 하여 사용하는 경우도 있지만 복잡하다고 여겨 개명한 이름을 법률행위가 아닌 곳에서는 그냥 사용하는 사람들도 있다. 개명한 이름의 효과를 기대하면서 말이다.

그렇다면 개명의 효과는 어떻게 나타나는 것일까.
성명학의 운명론에서는 개명한 이름을 계속 사용해 그 이름이 자기라는 것을 완전히 인식할 때, 예를 들어 누군가 개명한 이름을 뒤에서 부를 때 돌아보게 된다면 운명이 바뀌기 시작한다고 한다.

따라서 개명의 효과는 법원의 허가를 받든 아니든 적극적으로 사용해야만 나타난다는 것이다.

개명허가신청서(성년자용)-서식견본

(성년자용)

개명허가신청

| 이 기입란은 사건결과를 문자메시지로 미리 통지받기를 원하는 경우에만 기입합니다.
○ 수신인 성명 : _____
○ 휴대전화번호 : _____ |

※ 문자메세지 비용은 본인이 부담합니다.

(법원제출용: 빨간색 용지)

서울가정법원 귀중

(성년자용)

개명허가신청

등록기준지 :

주　　소 :

신청인 겸
사건본인

성명 :　　　　　　(한자:　　　　　)

주민등록번호　　　　－

전화번호 : (휴대폰)　　　　　　(자택)

신 청 취 지

등록기준지 _____ 도(시) _____ 시(군, 구) _____ 동(읍, 면) _____ 리

_____ 번지 신청인겸사건본인의 가족관계등록부 중

사건본인의 이름 "_____(한자: _____)" 을(를)

"_____(한자: _____)" (으)로

개명하는 것을 허가한다. 라는 결정을 구합니다.

※ 개명하고자 하는 이름을 한자로 기재하는 경우에는 가족관계의 등록에 관한 규칙 제 37
조에 규정하는 인명용 한자를 사용하여야 합니다.

신 청 이 유

첨 부 서 류

1. 사건 본인의 기본증명서와 가족관계증명서   각 1통
1. 사건 본인의 부와 모의 가족관계증명서   각 각 1통
1. 사건 본인의 자녀(사건본인의 손자가 있는 경우)의 가족관계증명서 각 1통
1. 주민등록등본   1통
1. 범죄경력조회   1통

년   월   일

위 신청인   (인)

서울가정법원   귀중

개명허가신청서(미성년자용)-서식견본

(미성년자용)

개명허가신청

이 기입란은 사건결과를 문자메시지로 미리 통지받기를 원하는 경우에만 기입합니다.

○ 수신인 성명 : _____
○ 휴대전화번호 : _____

※문자메세지 비용은 본인이 부담합니다.

(법원제출용: 빨간색 용지)

서울가정법원 귀중

개명허가신청서(미성년자용)

인지액 1,000원
송달료 18,120원

등록기준지 :

주　　소 :

송 달 주 소 :

신청인 겸
사건본인의

　　성　　명 :　　　　　(한자:　　　　　)

　　주민등록번호 :

　　전 화 번 호 : (휴대폰)　　　　(자택)

　　법정대리인 친권자　부 :　　(한자:　　　　)
　　　　　　　　　　　　모 :　　(한자:　　　　)

　　법정대리인의 주소　　:

　　　　송달주소　　　　:

　　　　전화번호 : (휴대폰)　　　　(자택)

신 청 취 지

위 등록기준지　　　(한자 :　　　　)의 가족관계등록부 중 사건본인의 이름 "　　(한자 :　　)" 을(를) "　　(한자 :　　)" (으)로 개명하는 것을 허가한다.
라는 결정을 구합니다.

신 청 이 유

소 명 자 료

1. 사건 본인의 기본증명서와 가족관계증명서   각 1통
2. 사건 본인의 부와 모의 가족관계증명서각 1통
3. 주민등록등본   1통
4. 기타

년   월   일

신청인의 법정대리인 친권자   부   (인)

모   (인)

법원   지원   귀중

※ 관할법원에서 개명의 필요성을 판단하기 위한 자료로 기타서면의 첨부가 요구될 수 있으므로 반드시 관할 법원에 문의 하시기 바랍니다.

개명신고서(구청)-서식견본

[양식 제27호]

개 명 신 고 서 (년 월 일)	※아래의 작성방법을 읽고 기재하시되 선택항목은 해당번호에 "○"으로 표시하여 주시기 바랍니다.				
①개명자	본인 성명	현재의 이름		②개명하고자 하는 이름	
		한글	한자	한글	한자
	본(한자)		주민등록번호	-	
	등록기준지				
	주 소				
	부모 성명	부(父)		모(母)	
③허가일자		년 월 일	법원명		
④기타사항					
⑤신고인	성 명		㊞ 또는 서명	주민등록번호	-
	자 격	①본인 ②법정대리인 ③기타(자격 :)			
	주 소		전화	이메일	
⑥제출인	성 명		주민등록번호	-	

작 성 방 법

※ 이 신고는 개명허가결정등본을 받은 날로부터 1개월 이내에 신고하여야 합니다.
①란 : 본인의 성명은 개명전 현재의 이름과 개명하고자 하는 이름을 나누어 기재합니다.
②란 : 변경하고자 하는 이름(개명허가결정등본에 기재된 개명허가를 받은 이름)을 기재하며, 한자가 없는 경우는 한글란에만 기재합니다.
③란 : 개명허가일자는 개명허가결정등본에 기재된 연월일을 기재합니다.
④란 : 가족관계등록부에 기록을 분명하게 하는데 특히 필요한 사항을 기재합니다.
⑤란 : 신고인의 성명은 개명전의 이름을 기재합니다.
⑥란 : 제출자(신고인 여부 불문)의 성명 및 주민등록번호 기재[접수담당공무원은 신분증과 대조]

첨 부 서 류

1. 개명허가결정등본 1부.
2. 신분확인[가족관계등록예규 제23호에 의함]
 - 신고인이 출석한 경우 : 신분증명서
 - 제출인이 출석한 경우 : 제출인의 신분증명서
 - 우편제출의 경우 : 신고인의 신분증명서 사본

제 4 부
작명의 자료

1. 이름의 구조에 좋은 수리배치 - 성씨별 275
2. 한자(漢子) 이름에 피하는 것이 좋은 글자 279
3. 한자(漢子)의 획수를 잘못 잡기 쉬운 글자 286
4. 이름에 많이 쓰는 한자(漢子) 287

1. 이름의 구조에 좋은 수리배치-성씨별

* 아래의 수리는 획수로 陰陽과 三元五行의 相生을 맞추었다.
* 아래의 수리에 姓氏별로 音響五行만을 맞춰 사용하면 된다.
* 여성의 이름은 앞 〈數理의 吉凶 조견표〉를 반드시 확인하자.

획	성자	A B C	삼원오행	A B C	삼원오행
2	卜丁乃力刀 又	2 1 14	土 火 土	2 9 22	火 木 木
		2 14 9	木 土 火	2 14 19	木 土 火
		2 16 13	土 金 水	2 21 14	土 火 土
		2 22 13	土 火 土	2 23 14	土 土 金
		A B C	삼원오행	A B C	삼원오행
3	千己于凡山 也大弓	3 2 3	土 土 土	3 2 13	土 土 土
		3 3 10	火 土 火	3 3 12	土 土 土
		3 10 22	土 火 木	3 13 22	土 土 土
		3 20 12	土 火 火	3 22 13	土 土 土
		A B C	삼원오행	A B C	삼원오행
4	方木毛王元 孔尹文夫太 公片午天化 井牛日仁卞 巴才中水介	4 9 2	土 火 木	4 9 12	土 火 木
		4 12 13	金 土 土	4 13 12	土 金 土
		4 14 11	土 火 土	4 19 12	土 火 木
		4 21 12	土 火 土	4 21 14	金 土 土
		A B C	삼원오행	A B C	삼원오행
5	石玉丘玄甘 平田申白史 皮召弘占永 功巨台北司 包令.乙支	5 6 18	火 木 火	5 8 8	火 火 土
		5 8 16	木 火 火	5 10 3	金 土 火
		5 10 8	火 土 金	5 16 8	火 木 火
		5 20 13	金 土 火		

		A B C	삼원오행	A B C	삼원오행
6	朴朱全吉牟 安任伊米印 先好宅西老 在光有后曲 羽守列仰圭	6 7 18 6 10 7 6 15 18 6 18 5	火火土 火土金 火木火 木火火	6 9 9 6 12 23 6 17 18 6 18 17	土土金 水金土 火火土 火火土
7	吳呂杜成延 余李宋辛車 汝池甫何判 吾良君住谷 克見江	7 8 8 7 8 10 7 8 17 7 9 16	土土土 金土金 火土土 火土土	7 8 9 7 8 16 7 9 8 7 10 8	土土金 火土火 土土金 土金金
8	金具林松孟 房沈明卓昔 周昇奉奇采 宗周知承奈 門於忠長	8 7 9 8 7 16 8 8 9 8 9 7	金土土 火土火 金土金 土金土	8 7 10 8 8 7 8 8 15 8 13 16	金土金 土土土 火土火 火木水
9	柳俞姜南咸 秋河禹宣表 韋施奏泰肖 相則姚要思 昭泗星俊扁	9 7 16 9 8 8 9 9 20 9 12 20	土土火 金金土 水金水 水木火	9 8 7 9 9 6 9 12 12 9 20 12	土金土 土金土 木木火 木水木
10	洪高骨桂唐 徐殷孫馬晋 芮宮翁貢袁 曹秦夏剛洙 桑桓訓時眞	10 5 3 10 7 8 10 8 27 10 14 11	火土金 金金土 金金土 木火土	10 6 7 10 8 7 10 13 22 10 15 8	金土火 金金土 木火土 金土火

	성씨	A B C	삼원오행	A B C	삼원오행
11	康 魚 張 梁 啓 崔 章 胡 范 康 異 梅 海 邢 麻 畢 强 許 國 商 班	11 2 4 11 12 12 11 14 10 11 21 20	土 火 土 火 火 火 木 土 火 木 木 木	11 4 14 11 14 4 11 20 21 11 24 13	土 土 金 土 土 金 木 木 木 火 土 金
12	景 尋 能 黃 淳 馮 閔 堯 童 智 程 曾 邱 斯 森 彭 順 雲 敦 善 荀 .東方	12 4 13 12 11 12 12 12 11 12 13 12	土 火 金 火 火 火 火 火 火 火 土 土	12 9 12 12 12 9 12 12 13 12 23 12	火 木 木 木 火 木 土 土 土 火 土 火
13	廉 琴 賈 郁 楊 楚 睦 莊 慈 阿 新 敬 路 雍 頓 雷 湯 .司空	13 4 12 13 10 22 13 12 12	土 金 土 土 火 木 土 土 火	13 8 16 13 12 4 13 22 10	水 木 火 金 土 土 火 土 火
14	裵 連 趙 箕 愼 鳳 端 溫 菜 端 菊 種 壽 福 碩 .西門 .公孫	14 4 11 14 10 11 14 15 23	土 金 土 土 火 木 金 水 金	14 7 17 14 10 21 14 17 7	木 木 火 土 火 火 木 木 火
15	葛 郭 劉 魯 董 葉 漢 價 廣 樑 德 慶 彈 萬 .司馬	15 6 18 15 8 16 15 16 16	火 木 火 木 火 火 木 木 木	15 8 8 15 10 8 15 17 16	火 火 土 火 土 金 木 木 火
16	陳 都 龍 陰 潘 錢 盧 陸 燕 穆 陶 諸 謂 賴 彊 .皇甫	16 7 8 16 8 15 16 9 7	火 火 土 木 火 火 火 土 土	16 8 7 16 8 17 16 9 8	火 火 土 火 火 火 火 土 金

		A B C	삼원오행	A B C	삼원오행
17	韓蔡蔣謝獨 陽鍾澤聰鞠 鄕應彌襄鮮	17 6 18 17 8 8 17 16 8	土火火 土土土 土火火	17 7 8 17 8 16	土火土 火土火
18	簡禮歸載魏	18 6 5 18 6 15 18 14 7	火火木 火火木 土火木	18 6 7 18 6 17 18 15 6	土火火 土火火 火火木
19	鄭薛離.南宮	19 4 2 19 14 2 19 19 10	木火土 木火土 水金水	19 10 19 19 18 20 19 20 18	金水水 水金金 金水金
20	羅嚴還.鮮于	20 4 11 20 12 13 20 15 3	木火土 火木土 火土金	20 9 9 20 13 12 20 19 18	水水金 木火土 金水金
21	釋隨顧藝	21 4 14 21 11 20	土土金 木木木	21 8 10 21 20 11	木水金 木木木
22	蘇邊權隱蘆 襲	22 2 13 22 13 2	土火土 火土土	22 7 10 22 13 10	木水金 木土火
25	.獨孤	25 6 7	木木火	25 8 8	火火土

2. 한자(漢字) 이름에 피하는 것이 좋은 글자

한자는 글자 하나마다 뜻을 가진 뜻글자이다. 우리의 이름은 대부분 이 한자를 쓰게 되는데, 성명학에는 불길한 암시를 가진 한자의 통계가 있다. 선천운인 사주와 맞을 때는 쓰기도 하나, 가능하면 피하는 것이 좋을 것이다.

天 하늘 천   가난하다.

地 땅 지   기초가 약하여 매사에 재액이 따른다.

日 날 일   건강이 나쁜 암시가 따른다.

月 달 월   고독하다.

光 빛 광   육친, 배우자의 덕이 없고 질병으로 고생하는 어두운 암시가 있다.

明 밝을 명   머리는 명석하나 파란 굴곡이 심하다.

星 별 성   고독하고 재물이 없으며 수를 다하지 못하는 단명의 암시가 있다.

春 봄 춘   일시 대성할 수는 있으나, 봄바람을 단 것처럼 허영심이 많아 실패한다. 수를 다하지 못하는 암시가 있다. 사주에 「子」자가 필요할 때에만 사용한다. 화류계의 여성의 예명으로는 무방하다.

夏 여름 하	파란이 많고, 인덕이 없어 도모함은 있으나 이루어짐이 없다.
秋 가을 추	여자는 남편복이 없고 화류계 암시가 있다.
冬 겨울 동	도모는 하나 이루어지지는 않는다.
男 사내 남	가정불화, 자손 불효의 암시가 있다.
女 계집 여	충돌이 잦고 고독할 암시가 있다.
壽 목숨 수	사주와 맞지 않으면 단명하고 재복이 없다.
福 복 복	사주에 복성(福星)이 있을 때 사용하는 것은 무방하다. 그렇지 않을 때는 오히려 복을 해치는 암시로 유도될 수가 있다.
龍 용 용	사주에 용(辰)이 필요할 때는 사용해도 무방하다. 그렇지 않을 때는 불길한 암시로 유도한다. 특히 개(戌)띠, 돼지(亥)띠 태생의 사람은 안 좋다. 단명의 암시가 있다.
虎 범 호	고집이 세고 허영심이 강하다. 원숭이(申), 닭(酉)띠는 사용하면 특히 불길하다.
鶴 학 학	존경을 받기는 하나, 재물을 쌓기 어렵고 만년 또한 고독하다. 단명의 암시도 있다.
龜 거북 구	거북은 천년을 산다지만, 이 글자를 가진 사람은 사주와 맞지 않으면 대체로 단명한다.

幸 다행 행	인덕과 재물복이 없다.
吉 길할 길	뜻과는 반대로 천한 인품으로 유도되는 수가 있고 허영심이 많으며 부부운도 불길하다.
榮 영화 영	수심이 떠날 사이 없다.
滿 찰 만	초년은 좋으나 만년의 운이 약해진다.
大 큰 대	「東」자와 함께 형이 사용하는 것은 무방하나 동생이 쓰면 형의 역할을 할 암시가 있다.
泰 클 태	형은 사용해도 좋다. 동생이 쓰면 형이 좋지 않은 암시가 있다.
極 다할 극	「天」자와 함께 부모덕이 없다. 가난하다.
長 긴 장	재주는 많으나 질병으로 고생한다. 또 동생이 쓰면 형을 극한다.
完 완전할 완	장자가 사용하는 것은 무방하다. 동생이 사용하면 형이 좋지 않게 된다. 또 중풍, 반신불수의 암시가 따른다.
元 으뜸 원	장자가 사용하는 것은 무방하다. 여성은 불길하다.
孝 효도 효	조실부모하기 쉽다.
勝 이길 승	장해가 많아 고난이 따를 암시가 있다.
甲 갑옷 갑	고집이 세고 질병이 따른다.
一 한 일	부모덕이 없고 풍파가 많다.

千 일천 천	육친의 덕이 없어 고독하다.
九 아홉 구	조난의 흉 암시가 있다.
四 넉 사	단명, 조난으로 유도하는 흉 암시가 있다.
分 나눌 분	「紹」자와 함께 과부수를 지녔다.
伊 저 이	고독할 암시가 강하다.
新 새 신	매사에 머리는 있어도 꼬리는 없듯이 끈기가 없고 고독하다.
初 처음 초	신경이 예민하고 불행이 끊일 사이 없다.
梅 매화 매	과부 또는 화류계의 여인으로 전락되기 쉽다. 화류계 여성의 예명으로는 무방하다.
花 꽃 화	고독하고 부부운이 불길하여 이혼, 사별하는 암시가 있다. 화류계의 여성의 예명으로는 무방하다.
紅 붉을 홍	단명할 암시가 있다.
松 소나무 송	고난, 고독의 흉 암시가 있다.
南 남녘 남	남자가 사용하는 것은 무방하다. 여성이 사용하면 불길하다.
國 나라 국	인덕이 없고 고독하다.
山 뫼 산	성질이 고지식하다. 또 슬픔이 많다.
川 내 천	모든 일이 분산, 실패하는 암시가 있다.

草 (풀 초)	질병과 고난의 암시가 있다.
海 (바다 해)	인생의 행로에 고난이 많다.
雪 (눈 설)	빨리 이루어지고, 빨리 쇠하는 암시가 있다. 하는 일도 잘 이루어지지 않는다.
仙 (신선 선)	변덕이 심하고 가정불화와 질병으로 고난이 많다.
淸 (맑을 청)	건강이 좋지 않다. 자식이 없다.
文 (글월 문)	학업이 중단되고, 말년이 고독할 암시가 있다.
德 (큰 덕)	말년이 고독할 암시가 있다.
仁 (어질 인)	신경이 예민하고 몸에 고질을 가지게 되는 암시가 있다. 변덕이 심하고 고독하다.
眞 (참 진)	이성문제가 있고 특히 여자는 남편덕이 없으며 모든 일이 허사로 돌아가는 암시가 있다.
美 (아름다울 미)	허영심이 강하고 질병으로 큰 고생한다. 또 고독을 면하기 어려운 암시가 있다.
珍 (보배 진)	「貴」자와 함께 중도 좌절의 암시가 작용하고, 여성은 과부수가 따른다.
姬 (계집 희)	배우자의 덕이 없어 뒷바라지하느라 고생할 암시가 있고, 질병과 고난이 따르는 암시가 있다.

順 순할 순	실패가 많고 눈물 속에 사는 인생의 암시가 있다. 부부운도 흉하다.
愛 사랑 애	역시 뜻과는 정반대되는 운기로 유도한다. 이성문제, 자녀와의 문제가 좋지 않은 암시가 있다.
貞 곧을 정	인덕이 없고 자손이 불효한다.
子 아들 자	사주에 「子」자가 필요할 때 사용한다. 특히 말(午), 염소(未)띠 태생이 사용하면 좋지 않다.
錦 비단 금	「菊」자와 함께 고생, 고독을 암시한다.
富 부자 부	인덕이 없고 배신을 당해 고생한다. 여자는 평길하다.
命 목숨 명	고독으로 유도하는 흉 암시가 있다.
出 날 출	고집이 세다.
重 무거울 중	질병이 따르는 암시가 있다.
實 열매 실	여성은 과부수의 암시가 있다.
杏 살구 행	변덕이 심하고 자식복이 없다.
枝 가지 지	신경이 예민하고 고독하다.
喜 기쁠 희	가정운이 좋지 않은 암시가 있고 고독하다. 손재수도 있다.
好 좋을 호	육친의 덕이 없고 고독하다.
笑 웃음 소	불의의 재난이 들이닥치는 암시가 따른다.

風 바람 풍	「豊」자와 함께 있던 재산이 하루아침에 날아가 버리는 좋지 않은 암시가 있다.
雲 구름 운	형제간에 우애가 없고, 재물이 흩어지기 쉽다. 단 아호나 상호에 쓰는 것은 무방하다.
庚 천간 경	인덕이 없고 질병의 암시가 있다.
寅 동방 인	「虎」자와 함께 사주에 「寅」이 필요한 경우 이외에는 사용하지 않는 것이 좋다. 특히 원숭이(申), 닭(酉)띠 태생은 피하는 것이 좋다.
銀 은 은	부모덕이 없어 타향살이하고, 가정운도 좋지 않아 고독하다.
玉 구슬 옥	총명하고 인품이 수려한 사람이 많다. 또 대성할 길 암시도 지니고 있기는 하나, 수를 다하기 어렵다.
鐵 쇠 철	재물운이 없고, 고독하다.
石 돌 석	중도 좌절의 암시가 있다.
乭 이름 돌	천한 인상을 줄 뿐만 아니라, 고독과 단명을 유도하는 흉 암시가 있다.
童 아이 동	인품, 사람됨의 그릇, 모두 볼 것이 없다.
馬 말 마	비천하다.

3. 한자(漢字)의 획수를 잘못 잡기 쉬운 글자

획	원자	바른 획수	획	원자	바른 획수
氵	水	4	衤	衣	6
忄	心	4	月	肉	6
犭	犬	4	四	网	6
扌	手	4	艹	艸	6
王	玉	5	辶	辵	7
礻	示	5	阝(右)	邑	7
歹	歺	5	阝(左)	阜	8

수	一	二	三	四	五	六	七	八	九	十
바른 수	1	2	3	4	5	6	7	8	9	10

4. 이름에 많이 쓰는 한자(漢字)

우리나라의 인명용(人名用) 한자는 1991년 4월 1일부터 시행된 〈호적법 시행규칙〉에 의거 총 2,854자에 한하도록 법으로 규정하였다.
이는 상용한자(常用漢字) 1,800자를 기본으로 해 추가된 것인데, 살펴보면 사실상 이름에 쓸 수가 없는 글자도 많이 포함돼 있다.

다음은 그 한자들 중에서 이름에 많이 쓰이는 한자들을 취사선택하고 응용이 편리하도록 한자의 획수(劃數)별로 음향오행(音響五行)을 구분해 정리한 것이다.

오행	木	火	土	金	水
주음	ㄱ.ㅋ	ㄴ.ㄷ.ㄹ.ㅌ	ㅇ.ㅎ	ㅅ.ㅈ.ㅊ	ㅁ.ㅂ.ㅍ

1획

| 土 | 一 한 일 | 乙 새 을 |

2획

火	乃 이어 내	力 힘 력	
土	二 두 이	人 사람 인	入 들 입
	又 또 우		
金	丁 고무래 정		
水	卜 점 복		

3획

木	干	하늘 간	工	장인 공	久 오래 구
	弓	활 궁	己	몸 기	
火	女	계집 녀	大	큰 대	土 흙 토
土	也	어조사 야	女	계집 여	于 어조사 우
	丸	둥글 환	下	아래 하	
金	士	선비 사	山	뫼 산	三 석 삼
	上	윗 상	夕	저녁 석	小 작을 소
	子	아들 자	丈	어른 장	才 재주 재
	千	일천 천	川	내 천	寸 마디 촌
水	万	일만 만	凡	무릇 범	

4획

木	介	끼일 개	公	귀 공	孔	구멍 공
	今	이제 금	斤	날 근	及	미칠 급
火	內	안 내	丹	붉을 단	斗	말 두
	屯	모일 둔	太	클 태		
土	予	나 여	午	낮 오	曰	가로 왈
	王	임금 왕	友	벗 우	牛	소 우
	尤	더욱 우	云	이를 운	元	으뜸 원
	月	달 월	尹	다스릴 윤	允	진실로 윤
	仁	어질 인	引	끌 인	日	날 일
	壬	북방 임	仍	인할 잉	亢	높아질 항
	互	서로 호	化	화할 화	火	불 화
金	四	넉 사	少	적을 소	水	물 수
	升	되 승	氏	성 씨	心	마음 심
	井	우물 정	中	가운데 중	之	갈 지
	支	지탱할 지	天	하늘 천	丑	소 축
水	毛	터럭 모	木	나무 목	文	글 문
	方	모 방	卞	법 변	夫	지아비 부
	分	나눌 분	巴	땅이름 파	片	조각 편

(木)	加 더할 가 甘 달 감 古 옛 고 句 글귀 구	可 옳을 가 甲 갑옷 갑 功 공 공	刊 새길 간 巨 클 거 丘 언덕 구
(火)	旦 아침 단 令 하여금 령 台 별 태	代 대신 대 立 설 립	冬 겨울 동 他 다를 타
(土)	央 가운데 앙 五 다섯 오 用 쓸 용 幼 어릴 유 玄 검을 현 禾 벼 화	令 하여금 영 玉 구슬 옥 右 오른 우 以 써 이 乎 어조사 호	永 길 영 外 바깥 외 由 말미암을 유 立 설 입 弘 넓을 홍

(金)	司	맡을 사	仕	벼슬 사	史	사기 사
	生	날 생	石	돌 석	仙	신선 선
	世	인간 세	召	부를 소	申	납 신
	田	밭 전	占	점칠 점	正	바를 정
	左	왼 좌	主	주인 주	且	또 차
	出	날 출	充	가득할 충		
(水)	末	끝 말	目	눈 목	戊	천간 무
	民	백성 민	白	흰 백	丙	남녘 병
	本	근본 본	付	줄 부	北	북녘 북
	平	평평할 평	皮	가죽 피	必	반드시 필

6획

(木)	考	생각할 고	共	함께 공	光	빛 광
	匡	도울 광	交	사귈 교	求	구할 구
	圭	홀 규	企	바랄 기	吉	길할 길
(火)	年	해 년	多	많을 다	乭	이름 돌
	同	한가지 동	老	늙을 로		
	宅	집 택				

(土)	安	편안 안	仰	우러를 앙	如	같을 여
	列	벌일 열	伍	다섯 오	宇	집 우
	羽	깃 우	旭	빛날 욱	有	있을 유
	六	여섯 육	而	말이을 이	伊	저 이
	弛	놓을 이	因	인할 인	印	도장 인
	任	맡길 임	合	합할 합	行	다닐 행
	向	향할 향	好	좋을 호	回	돌아올 회
	后	황후 후	休	쉴 휴		
(金)	西	서녘 서	先	먼저 선	守	지킬 수
	收	거둘 수	旬	열흘 순	丞	도울 승
	式	법 식	臣	신하 신	自	스스로 자
	字	글자 자	在	있을 재	再	두번 재
	全	온전 전	汀	물가 정	早	일찍 조
	兆	조 조	存	있을 존	朱	붉을 주
	舟	배 주	州	고을 주	竹	대 죽
	仲	버금 중	地	땅 지	至	이를 지
	旨	뜻 지	次	버금 차	冲	화할 충
(水)	名	이름 명	牟	클 모	朴	등걸 박
	百	일백 백	氾	넘칠 범	帆	돛 범
	妃	왕비 비				

7획

(木)	角谷局克	뿔 각 골 곡 판 국 이길 극	江求君	물 강 구할 구 임금 군	見究均	볼 견 궁구할 구 고를 균
(火)	男杜伶兌	사내 남 막을 두 영리할 령 고을 태	努良里利	힘쓸 노 어질 량 마을 리 이로울 리	豆呂李	콩 두 성 려 오얏 리
(土)	我言呂吾佑李杏孝	나 아 말씀 언 성 여 나 오 도울 우 오얏 이 살구 행 효도 효	冶余延吳攸利見希	쇠불릴 야 나 여 맞을 연 나라 오 아득할 유 이로울 이 나타날 현 바랄 희	良汝伶完位何亨	어질 양 너 여 영리할 영 완전할 완 자리 위 어찌 하 형통할 형

4. 이름에 많이 쓰는 한자(漢字)

(金)	汐	조수 석	成	이룰 성	宋	송나라 송	
	秀	빼어날 수	伸	펼 신	辛	매울 신	
	作	지을 작	壯	장할 장	材	재목 재	
	玎	옥소리 정	廷	조정 정	呈	드릴 정	
	助	도울 조	佐	도울 좌	住	머물 주	
	志	뜻 지	池	연못 지	辰	별 진	
	車	수레 차	初	처음 초	村	마을 촌	
	七	일곱 칠					
(水)	每	매양 매	伯	맏 백	汎	띄울 범	
	甫	클 보	步	걸음 보	佛	부처 불	
	判	판단할 판	坂	언덕 판	杓	자루 표	

8획

(木)	佳	아름다울 가	玕	예쁜돌 간	岡	언덕 강	
	杰	호걸 걸	京	서울 경	庚	천간 경	
	炅	빛날 경	坰	들 경	季	끝 계	
	供	이바지할 공	昆	맏 곤	坤	땅 곤	
	官	벼슬 관	侊	클 광	具	갖출 구	
	玖	옥돌 구	其	그 기	金	쇠 금	
	技	재주 기	奇	기이할 기	佶	바를 길	
(火)	奈	어찌 내	念	생각할 념	到	이를 도	
	東	동녘 동	來	올 래	姈	영리할 령	
	侖	둥글 륜	林	수풀 림	卓	높을 탁	
(土)	亞	버금 아	岸	언덕 안	岩	바위 암	
	昂	높을 앙	咏	노래할 영	旿	밝을 오	
	沃	기름질 옥	旺	왕성할 왕	雨	비 우	
	玗	옥돌 우	沅	물이름 원	委	맡길 위	
	侑	짝 유	侖	둥글 윤	宜	마땅 의	
	易	쉬울 이	沆	물 항	享	누릴 향	
	幸	다행 행	弦	활시위 현	昊	하늘 호	
	虎	범 호	和	화할 화	欣	기쁠 흔	

(金)	事	일 사	尙	오히려 상	抒	펼 서
	昔	옛 석	析	나눌 석	姓	성 성
	所	바 소	松	소나무 송	受	받을 수
	叔	아재비 숙	承	이을 승	昇	오를 승
	始	비로소 시	長	길 장	典	법 전
	政	정사 정	定	정할 정	制	법제 제
	宗	마루 종	周	두루 주	宙	집 주
	知	알 지	枝	가지 지	直	곧을 직
	昌	창성할 창	采	캘 채	靑	푸를 청
	忠	충성 충	取	가질 취		
(水)	孟	맏 맹	命	목숨 명	明	밝을 명
	牧	기를 목	武	호반 무	門	문 문
	旻	하늘 민	旼	화할 민	杯	잔 배
	佰	맏 백	帛	비단 백	秉	잡을 병
	奉	받들 봉	扶	도울 부	府	마을 부
	朋	벗 붕	坡	언덕 파	八	여덟 팔
	坪	들 평				

9획

(木)	看 볼 간 建 세울 건 係 이을 계 奎 별 규	姜 성 강 徑 곧을 경 冠 갓 관 紀 벼리 기	皆 다 개 界 지경 계 九 아홉 구 祈 빌 기
(火)	南 남녘 남 侶 짝 려 柳 버들 류	度 법도 도 怜 영리할 령 律 법률 률	亮 밝을 량 昤 밝을 령 泰 클 태
(土)	彦 클 언 衍 넓을 연 怜 영리할 영 玩 구경할 완 昱 빛날 욱 幽 깊을 유 律 법률 율 怡 기쁠 이 香 향기 향 炯 빛날 형 紅 붉을 홍 侯 제후 후	亮 밝을 양 姸 고을 연 昤 밝을 영 勇 날랠 용 威 위엄 위 俞 성 유 垠 언덕 은 河 물 하 泫 깊을 현 洞 찰 형 奐 클 환 厚 두터울 후	侶 짝 여 泳 헤엄칠 영 映 비칠 영 禹 하우씨 우 柔 부드러울 유 玧 옥빛 윤 音 소리 음 咸 다 함 炫 밝을 현 泓 물깊을 홍 皇 임금 황 姬 계집 희

(金)	思	생각 사	相	서로 상	叙	차례 서
	宣	베풀 선	性	성품 성	省	살필 성
	星	별 성	昭	밝을 소	炤	밝을 소
	是	이 시	施	베풀 시	信	믿을 신
	哉	비롯할 재	貞	곧을 정	柱	기둥 주
	奏	아뢸 주	注	물댈 주	俊	준걸 준
	重	무거울 중	昶	밝을 창	泉	샘 천
	招	부를 초	秋	가을 추	春	봄 춘
	治	다스릴 치	則	법 칙		
(水)	勉	힘쓸 면	美	아름다울 미	玟	옥돌 민
	柏	잣 백	法	법 법	炳	빛날 병
	柄	자루 병	昞	밝을 병	保	보전할 보
	飛	날 비	表	겉 표		

(木)	家	집 가	珏	쌍옥 각	剛	굳셀 강
	虔	공경할 건	格	격식 격	兼	겸할 겸
	耿	빛날 경	桂	계수나무 계	高	높을 고
	恭	공경 공	貢	바칠 공	洸	물소리 광
	校	집 교	俱	함께 구	宮	집 궁
	根	뿌리 근	肯	즐길 긍	記	적을 기
	起	일어날 기	耆	늙은이 기		
(火)	娘	아가씨 낭	唐	나라 당	桃	복숭아 도
	桐	오동 동	洛	물 락	凉	서늘 량
	烈	매울 렬	玲	옥소리 령	倫	인륜 륜
(土)	娥	예쁠 아	洋	물 양	凉	서늘 양
	娟	예쁠 연	烈	매울 열	玲	옥소리 영
	芮	물가 예	容	얼굴 용	祐	도울 우
	原	근원 원	袁	성 원	洹	흐를 원
	倫	인륜 윤	恩	은혜 은	殷	나라 은
	益	더할 익	夏	여름 하	恒	항상 항
	軒	마루 헌	峴	고개 현	玹	옥돌 현
	洪	넓을 홍	烘	빛날 홍	桓	굳셀 환

(土)	晃	밝을 황	效	본받을 효	訓	가르칠 훈	
	休	아름다울 휴	洽	화할 흡	恰	마침 흡	
(金)	師	스승 사	書	글 서	徐	천천히 서	
	城	재 성	素	흴 소	孫	손자 손	
	修	닦을 수	洙	물가 수	殊	다를 수	
	洵	믿을 순	純	순수할 순	拾	주울 습	
	乘	오를 승	時	때 시	息	쉴 식	
	十	열 십	奘	클 장	財	재물 재	
	栽	심을 재	宰	재상 재	展	펼 전	
	庭	뜰 정	祖	할아비 조	晁	아침 조	
	祚	복 조	峻	높을 준	准	법 준	
	芝	지초 지	祗	공경할이 지	眞	참 진	
	珍	보배 진	晋	나라 진	秦	나라 진	
	津	나루 진	哲	밝을 철	致	이를 치	
(水)	馬	말 마	紋	무늬 문	珉	옥돌 민	
	芳	꽃다울 방	倍	갑절 배	配	짝 배	
	栢	잣 백	峯	봉우리 봉	俸	녹 봉	
	芙	연꽃 부					

11획

(木)	康	편안 강	乾	하늘 건	健	굳셀 건
	啓	열 계	珙	둥근옥 공	貫	꿸 관
	敎	가르칠 교	救	구원할 구	國	나라 국
	規	법 규	珪	서옥 규	近	가까울 근
	基	터 기	埼	옥 기		
(火)	那	어찌 나	堂	집 당	動	움직일 동
	得	얻을 득	朗	밝을 랑	浪	물결 랑
	梁	들보 량	崙	산이름 륜	梨	배 리
	笠	갓 립				
(土)	若	같을 약	梁	들보 양	御	어거할 어
	焉	어찌 언	悅	기쁠 열	英	꽃부리 영
	迎	맞을 영	梧	오동 오	悟	깨달을 오
	晤	밝을 오	婉	예쁠 완	庸	떳떳할 용
	苑	동산 원	偉	클 위	唯	오직 유
	胤	씨 윤	崙	산이름 윤	翊	도울 익
	寅	동방 인	海	바다 해	珦	옥이름 향
	許	허락할 허	邢	나라 형	彗	자비 혜

4. 이름에 많이 쓰는 한자(漢字)

(土)	晧	밝을 호	浩	넓을 호	胡	어찌 호
	凰	봉황새 황				
(金)	常	항상 상	祥	상서 상	商	장사 상
	敍	펼 서	庶	뭇 서	旋	돌 선
	雪	눈 설	設	베풀 설	卨	임금 설
	涉	건널 섭	晟	밝을 성	紹	이를 소
	率	거느릴 솔	珣	옥그릇 순	崇	높을 숭
	術	재주 술	習	익힐 습	晨	새벽 신
	章	글 장	張	베풀 장	將	장수 장
	停	머물 정	頂	이마 정	曹	무리 조
	珠	구슬 주	晙	밝을 준	浚	깊을 준
	振	떨칠 진	執	잡을 집	參	참여할 참
	唱	노래 창	彩	채색 채	崔	높을 최
(水)	晚	늦을 만	望	바랄 망	梅	매화 매
	茂	무성할 무	敏	민첩할 민	邦	나라 방
	培	북돋울 배	烽	봉화 봉	副	버금 부
	彬	빛날 빈	票	표 표		

12획

(木)	強 傑 卿 邱 期	굳셀 강 호걸 걸 벼슬 경 언덕 구 기약 기	開 結 喬 貴 淇	열 개 맺을 결 큰나무 교 귀할 귀 물이름 기	凱 景 球 鈞 棋	개선할 개 볕 경 옥돌 구 무게 균 뿌리 기
(火)	能 惇 登 琉 統	능할 능 두터울 돈 오를 등 옥돌 류 거느릴 통	淡 棟 琅 理	맑을 담 들보 동 옥돌 랑 다스릴 리	敦 童 量 邰	도타울 돈 아이 동 헤아릴 량 나라 태
(土)	雅 然 詠 雲 琉 現 皓 欽	아담할 아 그럴 연 읊을 영 구름 운 옥돌 유 나타날 현 흴 호 공경할 흠	雁 硯 琓 雄 理 絢 淏 喜	기러기 안 벼루 연 서옥 완 수컷 웅 다스릴 이 무늬 현 맑을 호 기쁠 희	量 淵 堯 媛 壹 惠 黃	헤아릴 양 못 연 임금 요 예쁠 원 한 일 은혜 혜 누를 황

4. 이름에 많이 쓰는 한자(漢字)

(金)	森	빽빽할 삼	翔	날개 상	舒	펼 서
	晳	쪼갤 석	善	착할 선	琁	옥돌 선
	盛	성할 성	珹	옥돌 성	邵	높을 소
	授	줄 수	琇	옥돌 수	淑	맑을 숙
	順	순할 순	淳	순박할 순	舜	순임금 순
	勝	이길 승	植	심을 식	深	깊을 심
	淨	깨끗할 정	程	법 정	晶	수정 정
	㝡	해뜰 정	朝	아침 조	尊	높을 존
	竣	마칠 준	曾	일찍 증	智	지혜 지
	軫	수레 진	集	모을 집	敞	넓을 창
	喆	밝을 철	淸	맑을 청	晴	개일 청
	草	풀 초				
(水)	珷	옥돌 무	閔	성 민	博	넓을 박
	棅	자루 병	普	넓을 보	復	다시 복
	復	다시 부	富	부자 부	傅	스승 부
	斌	빛날 빈	弼	도울 필	筆	붓 필

13획

(木)	賈 값 가 經 글 경 揆 헤아릴 규 琪 옥돌 기	幹 줄기 간 琨 구슬 곤 勤 부지런할 근 祺 길할 기	敬 공경할 경 琯 옥저 관 琴 거문고 금 琦 구슬 기
(火)	當 마땅 당 廉 청렴 렴 琳 아름다울 림	塘 못 당 鈴 방울 령	渡 건널 도 祿 녹 록
(土)	愛 사랑 애 渶 물맑을 영 鈺 보배 옥 煜 빛날 욱 圓 둥글 원 義 옳을 의 湖 호수 호 話 말할 화 煌 빛날 황 輝 빛날 휘	楊 버들 양 煐 밝을 영 琬 서옥 완 郁 성할 욱 援 구원할 원 意 뜻 의 號 이름 호 煥 빛날 환 會 모을 회 熙 빛날 희	業 업 업 暎 빛날 영 愚 어리석을 우 園 동산 원 裕 넉넉할 유 鉉 솥귀 현 琥 호박 호 換 바꿀 환 暉 빛 휘

(金)	想	생각할 상	詳	자세할 상	聖	성인 성
	惺	깨달을 성	頌	칭송할 송	琡	구슬 숙
	詩	글귀 시	新	새 신	湜	맑을 식
	莊	씩씩할 장	載	실을 재	溨	맑을 재
	殿	대궐 전	鼎	솥귀 정	靖	편안할 정
	照	비칠 조	稙	벼 직	粲	선명할 찬
	楚	초나라 초	椿	대추나무 춘		
(水)	募	부를 모	睦	화목할 목	渼	물결무늬 미
	渤	바다 발	補	도울 보	琵	비파 비
	楓	단풍나무 풍	豊	풍년 풍		

14획

(木)	嘉	아름다울 가	閣	집 각	監	볼 감
	綱	벼리 강	境	지경 경	溪	시내 계
	管	대통 관	菊	국화 국	閨	안방 규
	綺	비단 기				
(火)	寧	편안할 녕	途	길 도	郞	사내 랑
	連	이을 련	綠	푸를 록	綸	벼리 륜
	通	통할 통				
(土)	語	말씀 어	連	이을 연	榮	영화 영
	寗	편안할 영	瑛	옥빛 영	睿	슬기로울 예
	溫	따뜻할 온	溶	녹일 용	瑀	옥돌 우
	熊	곰 웅	源	근원 원	瑗	옥 원
	維	벼리 유	綸	벼리 윤	銀	은 은
	溢	넘칠 일	赫	빛날 혁	豪	호걸 호
	瑚	산호 호	華	빛날 화	滉	깊을 황
	熏	불길 훈	僖	기꺼울 희		
(金)	瑞	상서 서	碩	클 석	瑄	구슬 선
	誠	정성 성	韶	아름다울 소	壽	목숨 수

(金)	愼	삼갈 신	實	열매 실	慈	사랑 자
	禎	상서 정	齊	모두 제	趙	나라 조
	造	지을 조	綜	모을 종	準	법 준
	暢	화창할 창	彰	밝을 창	菜	나물 채
	瑃	옥이름 춘				
(水)	銘	새길 명	夢	꿈 몽	裵	성 배
	碧	푸를 벽	輔	도울 보	福	복 복
	逢	만날 봉	鳳	새 봉	溥	클 부
	秘	향기 필				

15획

(木)	儉	검소할 검	慶	경사 경	郭	성 곽
	寬	너그러울 관	廣	넓을 광	嬌	아름다울 교
	槿	무궁화 근	漌	맑을 근	畿	경기 기
(火)	樂	즐거울 락	談	말씀 담	德	클 덕
	董	바로잡을 동	諒	믿을 량	樑	들보 량
	慮	생각 려	練	익힐 련	劉	이길 류
(土)	養	기를 양	諒	믿을 양	樑	들보 양
	億	억 억	慮	생각 여	演	넓힐 연

(土)	緣 瑢 毅 賢 興	인연 연 옥소리 용 굳셀 의 어질 현 일 흥	練 院 逸 慧	익힐 연 집 원 편안 일 지혜 혜	瑩 劉 漢 輝	밝을 영 이길 유 한수 한 빛날 휘
(金)	緖 諄 暲 稷 瑨	실마리 서 도울 순 밝을 장 피 직 옥돌 진	奭 醇 調 進 徹	클 석 순후할 순 고루 조 나갈 진 뚫을 철	嬋 陞 增 陣 請	고울 선 오를 승 더할 증 칠 진 청할 청
(水)	瑪 模 複	오골 마 법 모 거듭 복	滿 盤 敷	찰 만 소반 반 펼 부	萬 範	일만 만 법 범

16획

(木)	疆 暻 龜 琪	굳셀 강 밝을 경 거북 구 옥 기	鋼 憬 瑾 冀	강철 강 깨달을 경 옥돌 근 바랄 기	潔 橋 錦	맑을 결 다리 교 비단 금

(火)	諾	허락할 낙	盧	성 노	錄	기록할 록
	達	통달할 달	潭	못 담	道	길 도
	都	도읍 도	導	이끌 도	暾	해돋을 돈
	燉	빛날 돈	潼	물이름 동	燈	등불 등
	憐	사랑할 련	潾	맑을 린		
(土)	燕	제비 연	憐	사랑할 연	燁	빛날 엽
	曄	빛날 엽	叡	밝을 예	龍	용 용
	蓉	연꽃 용	運	돌 운	儒	선비 유
	潤	윤택할 윤	融	화할 융	學	배울 학
	翰	깃 한	憲	법 헌	衡	저울대 형
	澔	넓을 호	曉	새벽 효	勳	공 훈
	熺	밝을 희	憙	기쁠 희	羲	이름 희
(金)	錫	주석 석	璇	옥이름 선	樹	나무 수
	遂	드디어 수	璋	구슬 장	靜	고요 정
	陳	베풀 진	輯	모을 집	蒼	푸를 창
	澈	물맑을 철	賰	넉넉할 춘	親	친할 친
(水)	穆	화목할 목	潘	성 반	陪	모실 배
	遍	두루 편				

17획

(木)	鍵	자물쇠 건	謙	겸손할 겸	璟	옥빛 경
	階	받들 계	鞠	기를 국	璣	구슬 기
(火)	勵	힘쓸 려	鍊	단련할 련	聯	이을 련
	蓮	연꽃 련	隆	높을 륭	璘	옥무늬 린
	澤	못 택	擇	가릴 택		
(土)	襄	도울 양	陽	볕 양	憶	생각할 억
	勵	힘쓸 여	鍊	단련할 연	聯	이을 연
	蓮	연꽃 연	營	지을 영	鍈	방울 영
	優	넉넉할 우	應	응할 응	韓	나라 한
	鄕	시골 향	鴻	기러기 홍	璜	구슬 황
	檜	전나무 회	徽	아름다울 휘	禧	복 희
(金)	鮮	고울 선	禪	고요할 선	燮	불꽃 섭
	聲	소리 성	蔬	나물 소	遜	겸손할 손
	隋	나라 수	操	잡을 조	鍾	쇠북 종
	駿	준마 준	璡	구슬 진	燦	빛날 찬
	澯	맑을 찬	蔡	성 채	總	거느릴 총
	鄒	나라 추				
(水)	彌	많을 미	璞	옥돌 박	繁	성할 번

(木)	簡	편지 간	闕	대궐 궐	謹	삼갈 근
	覲	뵈올 근	騎	말탈 기	騏	좋은 말 기
(火)	戴	일 대	濤	물결 도	燾	비칠 도
	濫	물넘칠 람	禮	예도 례		
(土)	顔	얼굴 안	禮	예도 예	燿	빛날 요
	曜	비칠 요	鎔	녹일 용	魏	위나라 위
	翼	날개 익	爀	빛날 혁	蕙	난초 혜
	鎬	호경 호	環	고리 환	濶	넓을 활
(金)	曙	새벽 서	膳	선사 선	題	글 제
	濟	건널 제	濬	깊을 준	鎭	진정할 진
	璨	옥빛날 찬	叢	모을 총		
(水)	馥	향기 복	豐	풍년 풍		

(木)	鏡	거울 경	曠	빌 광	麒	기린 기
(火)	譚 麗	말씀 담 고을 려	禱	빌 도	鄧	나라 등
(土)	麗 願 穫	고을 여 원할 원 거둘 확	鏞 瀅 繪	쇠북 용 물맑을 형 그림 회	韻 擴	운치 운 넓힐 확
(金)	璿 薔 贊	고운옥 선 장미 장 도울 찬	璹 鄭 寵	옥그릇 숙 나라 정 사랑할 총	識 證	알 식 증거 증
(水)	鏋 簿	금 만 문서 부	譜	계보 보	寶	보배 보

(木)	覺 깨다를 각 繼 이을 계	瓊 구슬 경 勸 권할 권	警 경계할 경		
(火)	羅 벌릴 라 騰 오를 등	隣 이웃 린	齡 나이 령		
(土)	壤 고운흙 양 耀 빛날 요 獻 드릴 헌 薰 향기 훈	孃 아가씨 양 隣 이웃 인 馨 향기 형 曦 햇빛 희	嚴 엄할 엄 瀚 클 한 還 돌아올 환		
(金)	薩 보살 살 鐘 쇠북 종	釋 놓을 석 纂 모을 찬	籍 호적 적		
(水)	寶 보배 보	譜 족보 보			

(木)	顧 돌아볼 고					
(火)	瀾 큰 물결 란 瓏 환할 롱		爛 찬란할 란 鐸 방울 탁		覽 볼 람	
(土)	鶯 꾀꼬리 앵 藝 재주 예 護 호위할 호		躍 뛸 약 譽 기릴 예 顥 흴 호		瀯 물소리 영 鶴 학 학	
(金)	續 이을 속 鐵 쇠 철		隨 따를 수		纘 이을 찬	
(水)	飜 펄럭일 번		辯 말할 변		驃 날쌜 표	

(木)	鑑 거울 감	灌 물댈 관	權 권세 권
(火)	瓓 옥무늬 란	讀 읽을 독	

(土)	瓔 옥돌 영 驍 날랠 효	響 소리 향	歡 기쁠 환
(金)	攝 잡을 섭	蘇 깨어날 소	
(水)	邊 가 변		

(木)	鑛 쇳돌 광		
(火)	蘭 난초 난 灘 여울 탄	戀 사모할 련	麟 기린 린
(土)	巖 바위 암 護 풍류 호	戀 사모할 연	顯 나타날 현

(土)	讓 사양할 양
(金)	瓚 옥잔 찬

(木)	觀	볼 관
(土)	灝	넓을 호
(金)	纘	이을 찬

(金)	讚	기릴 찬

(木)	驥	천리마 기
(金)	鑽	뚫을 찬

내 아이 이름에 금빛날개를 달아라

초판 1쇄 발행 2010년 5월 10일

지은이 | 임만규
펴낸이 | 김종섭

펴낸곳 | 에듀뮤직
서울시 마포구 서교동 478-3 동궁빌딩 201호
대표전화 | 02-3141-6613
팩스 | 02-3141-6658
등록 | 2003년 11월 11일 제6-527호
홈페이지 | www.goldbabynames.com

ISBN 978-89-94069-30-2 13150
값 12,000원

잘못된 책은 구입한 곳에서 바꾸어 드립니다.
책의 내용을 무단 복제 또는 전제할 수 없습니다.